從「薛派」到「任派」

——陳守仁教授

1950 年代是粵劇進入第二個高峰的年代、是薛覺先殞落的年代，也是任劍輝接棒、攀上頂尖的年代。曾經和任劍輝在《梁祝恨史》（1958 年）、《紫釵記》（1959 年 2 月）、《蝶影紅梨記》（1959 年 9 月）等電影合作的著名導演李鐵在 1987 年憶述任劍輝時，也把她與薛覺先相比，稱讚她的「瀟灑」力逼薛覺先。

1930 年代是粵劇創造了第一個高峰的年代、是「薛、馬爭雄」的年代，也是任劍輝拜師學藝的年代。任劍輝師承人稱「女馬師曾」的黃侶俠，但一向崇拜融會薛、馬藝術，並有「薛腔馬型」的桂名揚。任姐雖沒有正式拜在「桂派」門下，但相信從反覆觀賞桂名揚的演出中，吸收了不少「薛派」唱腔的神髓。

二次大戰後，薛、馬重回香江，但聲勢大遜於戰前。儘管他們在 1930 年代攜手打造現代粵劇的唱、做、唸、打，但時移勢易，薛、馬鋒芒被新崛起的新一代文武生所掩蓋。任

姐正是這群新星的表表者，在新馬師曾、何非凡、陳錦棠等幾位「薛派」男性文武生中，以女文武生的姿態獨樹一幟。任姐其後更脫穎而出，在舞台上、銀幕上、廣播、唱片等領域裏成就驕人、風靡了不少觀眾，並贏取了「戲迷情人」的美譽，其影響力至今從未消減。

任劍輝與薛覺先還有另一種間接的關係。原來，多年來與任劍輝「拍檔」的「仙姐」白雪仙曾拜薛覺先為師，稱薛五哥的夫人唐雪卿為「師母」，而薛五嫂也正是任、白的拍檔、一代編劇名家唐滌生的堂姐。此外，唐哥又曾娶薛五哥的妹妹為妻，並尊稱薛五哥為老師。

今天，雖然粵劇學者和紅伶公認薛覺先是現代粵劇的奠基者，但薛五哥的貢獻多少曾被二次大戰的戰火中斷，不少唱片、電影、劇本都被湮沒。然而，任劍輝卻充分地受惠於戰後經濟的復甦、政局的穩定、科技的發展、傳播媒體的多樣性，從中展現了她的才華，也令她的藝術得以流傳後世。

若說香港粵劇史上最有影響力的文武生，隨着新舊時代的交替，也許「任姐」正是「薛五哥」的接班人。「任派」女文武生藝術在當代香港，與唐滌生的多個傳世名作互相輝映。在紀念任姐逝世三十周年的今天，岳清的《今夕是何年——任劍輝的光影傳情》載錄任姐一批從未發表過的照片，重現了任姐的多種面貌，將加深我們對任姐生平和她藝術的了解，當屬萬眾期待！

陳守仁

2019 年 11 月 19 日

自序

熱衷研究香港歷史的摯友任志源（1964 －
2016）是一位低調收藏家，他有齊全的《中
聯畫報》、《長城畫報》、《大成電影特刊》，
失傳的粵語片和國語片，粵劇及京劇的相
片、特刊、剪報等，均是難得的珍藏。多年
來在寫作路上，志源經常擔當我的明燈，糾
正我的錯誤和提供正確資料，令我沒齒難
忘。

2008 年，我正籌備花旦王芳艷芬《新艷陽傳
奇》一書，志源無私地提供極為罕有的新艷
陽歷屆特刊，作為重要佐證，使我搜羅的史
料更為豐富。到撰寫《光影尋源：解構 1948
－ 1969 香港電影的繆斯》一書時，志源為
我聯絡多位收藏家，集合了很多特刊、劇照
等圖片，得以順利成書。

志源經常穿梭於文玩市集。遇上稀珍奇寶，
他都第一時間通知我。例如芳艷芬在越南演
出的特刊、李麗華《風雨牛車水》電影劇照、
1966 年《香花山大賀壽》彩色幻燈片等，椿

椿件件都令我節省了不少時間和金錢。

2016 年，志源因病而逝，我遽然失去一位良師益友。在他的光碟內，驀地發現三百張以上、與「戲迷情人」任劍輝有關的照片，囊括時裝、電影造型、粵劇舞台、生活照等，質素可觀。今年是任劍輝逝世三十周年，志源亦鍾愛任姐的表演藝術，故此希望以我一己之綿力，編一本任姐的相片集。一來紀念戲迷情人任劍輝，二來也紀念志源對收藏的默默耕耘！

「落紅不是無情物，化作春泥更護花」，願志源的藏品與更多讀者分享！讓我們一起追憶戲迷情人任劍輝一生的光輝！

為此，感謝堅成影片公司關志堅先生，慷慨首肯刊登相關電影劇照。另外，也感謝陳守仁教授於百忙中，賜下序言。

岳清

2019 年 8 月

目錄

第一章

起舞弄清影

任劍輝自陳皮梅之絕歌，黃侶俠之老去，

遂一躍而居坤班生角首席矣。

多年以來，聲望益如旭日初升，高樹一幟，縱橫各地，

俱成為一部分觀眾所歡迎，每收旺台之效。

〈鏡花艷影再起了　徐人心加入拍檔〉，《藝林》第 51 期
■ 1939 年 4 月 1 日，無頁碼

任姐身段靚，她的**自然不刻意**，別人最難學，也學不來。

她一步步台型，一個個小動作，

形貌可以摹描，神韻卻無法捕捉。

伍屬梅口述、張敏慧筆錄、盧瑋鑾整理：〈此情可待成追憶──
舞台上的任姐〉，載邁克編：《任劍輝讀本》（第二版），香港：
香港電影資料館 ■ 2005，頁 97

戲迷情人任劍輝

任劍輝（1913 － 1989）原名任麗初，書名任婉儀，南海西樵人。少年時隨姨媽小叫天學藝，其後拜有「女馬師曾」之稱的黃侶俠為師，學了不少古老排場。任劍輝早期在廣州先施天台、安華公司天台參與全女班演出。

其時廣州的天台劇場在晚上十一時煞科，比戲院早一小時散場。任劍輝經常在天台演罷夜場，就趕往海珠或樂善戲院，觀摩桂名揚演出，準備偷師模仿──因為戲院要演至十二時才散場。此舉於戲行是家常便飯，京劇著名坤伶新艷秋也是往戲院偷師，觀看四大名旦之程硯秋演出，默默記下一招一式，遂日後成為程派的天之驕子。任劍輝深慕「金牌小武」桂名揚的技藝，經常欣賞他演出，漸漸學得神髓，運用於舞台上，甚有桂派作風，故此有「女桂名揚」稱號。

■ **1939**年 廣州惠愛路
圖中大新公司天台設有遊樂場和劇場，全女班常於
天台劇場演出

任劍輝有了名聲後，就被人拉攏加盟「群芳艷影」，和陳皮梅、譚蘭卿同台演出。其後「女薛覺先」陳皮梅嫁人息影，「女馬師曾」黃侶俠亦年華老去，剩下任劍輝獨當一面。隨着譚蘭卿離開群芳艷影，加盟馬師曾的太平劇團，任劍輝便將戲班改組成為「鏡花艷影」。她工文武生，扮相俊俏，身段瀟灑，極受戲迷愛戴，有「戲迷情人」美譽。

1937 年「七七事變」後，香港粵劇界於不同程度上熱衷於創作抗戰劇。例如任劍輝領導的鏡花艷影，便演過《蠻兵入江南》、《熱血保危城》和由徐若呆編撰的《漢奸之子》等。太平、覺先聲、興中華、勝壽年等劇團，也相繼編演抗戰劇。香港淪陷前，任劍輝領導的全女班鏡花艷影，經常在港澳兩地穿梭演出，而且是絕少數可以在大戲院公演的全女班。香港失守後，她便長駐澳門。

1933 年至 1940 年，可以稱為巨型班的有太平、覺先聲、興中華三班。其他劇團組合十分多，有新靚就、冠南華、錦添花、勝壽年、勝利年、泰山、香江、全女班鏡花艷影等。鏡花艷影的正印花旦經常更替，因此當正印花旦約滿後，便需要物色與任劍輝匹配的人選。正印花旦計有紫雲霞、文華妹、徐人心、楊影霞、趙蘭芳等。

任劍輝有「女桂名揚」之美譽

名旦關影憐愛徒 徐人心

徐人心（1918 －）原名徐若蘭，現居於廣州，身體清健。她是著名花旦關影憐的得意弟子，母親徐杏林也是全女班粵劇演員。徐杏林與宋竹卿、黃侶俠等經常在廣州的百貨公司做天台戲。1935 年，徐人心剛好十七歲，參演天一公司的電影《梁山伯祝英台》，邵醉翁為導演，羅品超飾梁山伯，譚玉蘭飾祝英台，朱日川飾士九，徐人心便飾人心。由於電影受到歡迎，邵醉翁就提議她把藝名改為徐人心。

徐人心喜愛演粵劇，於 1937 年加入鏡花艷影，當三幫花旦。小飛紅一直是該團的二幫花旦，紫雲霞約滿後要赴美國登台，劇團一般會以二幫花旦補上，可是小飛紅推卻了，堅持穩守二幫花旦之職。所以鏡花艷影多年來，都有不同的正印花旦。就憑任劍輝一句話：「阿妹，你做啦！」徐人心即由三幫花

徐人心

旦，直升上正印花旦之位。1939 年 4 月至 1940 年 2 月，由徐人
心擔任正印花旦演出。（〈徐人心：「阿妹，你做啦！」〉，載
黃兆漢主編：《長天落彩霞──任劍輝的劇藝世界》全二冊（香港：
三聯書店，2009），頁 653）

徐人心曾經接受沈秉和訪問，回憶當時演出情況：「我那時才十
幾歲，喊又唔識，談情又唔識；任姐鬧完我就好耐心咁教我做。」
鏡花艷影的台期很密，香港、澳門兩邊演，其時所有劇團都演新
戲，日戲夜戲，每天都換不同戲碼去吸引觀眾。演員要不停消化
劇本，當時甚至還未出現排戲的制度。

任劍輝、徐人心於此段時間，主演過《大鬧梅知府》、《金葉菊》、
《崔子弒齊君》、《十三歲封王》、《柳營驚彩鳳》、《征袍任
護花》、《背解紅羅》、《陳世美不認妻》、《烈女報夫仇》、《胭
脂阱》、《漢光武》、《琵琶行》、《周氏反嫁》、《三氣薛丁山》、
《陶三春投水》等劇目。1939 年 5 月，鏡花艷影受聘於太平戲院，
以太平艷影起班，於太平、普慶、北河演出一個月。領軍主帥依
然是任劍輝和徐人心。

後來美國有班主請徐人心去演戲，她選擇了離開鏡花艷影，往外
發展。徐人心去了美國七年，在三藩市拍過桂名揚、黃超武、新
靚就（關德興）等著名文武生。大觀電影公司更找她和黃鶴聲、
陸雲飛合演電影《金國情緣》。

任劍輝的小武戲

1936 年至 1940 年，鏡花艷影的主要演員有任劍輝、文華妹、紫雲霞、徐人心、小飛紅、陳皮鴨、金燕鳴、黃覺明、呂劍雲、車秀英、梁少平、的的玲、畢少英；主要劇目有《金弓奠玉關》、《鳳血洗璇宮》、《虎豹奪鳳凰》、《情醉鐵將軍》、《血肉長城》、《麒麟戲鳳凰》、《粉臂抗金刀》、《夜襲霸王山》、《綠野仙蹤》、《願解征袍任護花》、《雙鳳擁蛟龍》、《玉指挽狂瀾》、《漢奸之子》、《熱血保危城》、《迷離脂粉陣》等。正如興中華、覺先聲、錦添花等劇團一樣，鏡花艷影也有連台戲，如《鐵甲美人》五本、《雙鳳擁蛟龍》五本、《夜出虎狼關》四本。足見全女班也有一定叫座力。

任劍輝的小武戲，可以從鏡花艷影的劇目中，找出端倪。她演過由《江湖十八本》改編的《十三歲封王》，黃鶴聲名劇《傾國桃

花》，靚少佳名劇《紫禁城搶婚》、《漢光武》、
《虎口灌迷湯》，桂名揚名劇《血戰榴花塔》、
《崔子弒齊君》、《烈女報夫仇》、《活命琵琶》
等。當時最負盛名的小武，就是黃鶴聲、桂名
揚與靚少佳等人。任姐演他們的戲碼，一方面
敬重他們的藝術，另一方面向觀眾證明女小武
的實力。

任劍輝還有其他小武戲，如《任劍輝生呂布》、
《平貴別窰》、《七虎渡金灘》等。1938 年 1
月 15 日，《香港華字晚報》的鏡花艷影《情醉
鐵將軍》廣告，寫上「任劍輝大耍北派，刀光
劍影真驚人」。廣告語簡潔有力，顯示任劍輝
會以武藝去吸引觀眾。

從現存錄音，任劍輝、梁醒波合唱古腔粵曲《高
平關取級》，是小武和武生的曲目，就可聽到
任劍輝演繹小武角色的唱腔。此曲述說五代末

年，東魯王高行周奉命鎮守高平關，麾下有驍勇善戰的兒子懷德、懷亮及精兵三千。後周太祖郭威忌憚高行周，知其乃趙匡胤之誼交伯父，故囚禁趙匡胤雙親，脅令趙匡胤取下高行周人頭。高行周早有夢兆，有一「紅面漢子」到來取其人頭。趙匡胤親赴高平關，向高行周訴說情由，許妹婚配與懷德，以借高行周首級覆命。高行周觀其相得知趙匡胤為真龍天子，為助其成大業而自刎。

任劍輝長駐澳門

香港淪陷後至 1945 年，任劍輝於澳門曾參加平安、新太平、好景、花錦繡等劇團。1943 年 2 月，任劍輝本來參與的平安劇團散班重組，譚蘭卿得以和任劍輝再度合作。因為譚蘭卿重組新太平劇團，邀得任劍輝擔任文武生，但譚蘭卿所演的戲寶盡是馬師曾一派，不能讓擅演桂名揚一派的任劍輝有所發揮，於是兩人只合作了短時期。

1943 年 12 月第一屆新聲劇團正式成立，陣容有任劍輝、車秀英、歐陽儉、車雪英、胡迪醒、小金龍，劇目有《含淚送嬌妻》、《恨》、《晨妻暮嫂》、《冷面情僧》、等。由於新聲是兄弟班，所得收入都會分賬，基本演員陣容差不多，只是正印花旦人選常費腦筋，時要更換。1944 年 4 月新聲曾邀得譚蘭卿掌正印之職，但她只合作了一段時間，其後合作比較穩定的花旦是陳艷儂。

1945 年 4 月陳艷儂離團另謀發展，新聲再找車
秀英幫忙，加上日益受觀眾愛戴的神童鄭碧影，
使到班運亨通。他們的劇目有《真假王子》、
《魂歸離恨天》、《不如歸》、《小宮主》、
《紅樓密約》、《才女戲才郎》、《任劍輝嫁
歐陽儉》、《神童告御狀》等。後來陳艷儂回
團，新聲於 1945 年 6 月拉攏武生王靚次伯離開
太上，加盟新聲，從此新聲的鋼鐵陣容便穩定
下來。

太上在靚次伯離開後，邀得少新權當武生，他
們當時推出了一齣武俠新劇《花蝴蝶》，此劇
非常旺台，原因是他們請得話劇界黃寶光負責
佈景和燈光設計。黃寶光以製作話劇的豐富經
驗在粵劇舞台上佈置了很多機關和實物佈景，
這樣的舞台設計使粵劇觀眾覺得十分新穎，所
以吸引了很多觀眾捧場。

新聲劇務徐若呆尋求方法與之抗衡，最終想出以新劇《紅樓夢》來對壘。他們亦以科學燈光、立體佈景作招徠。任劍輝飾賈寶玉，陳艷儂飾林黛玉，白雪仙飾薛寶釵，靚次伯飾賈太夫人，歐陽儉先飾賈政、後飾石榴。他們的服裝佈景華麗非凡，令到戲迷一新耳目。

《紅樓夢》於 1945 年 8 月 4 日在域多利戲院首演，一直演到日軍宣佈投降，世界和平後，在 8 月 20 日推出《紅樓夢》下本，並得到周郎幫助，抄贈覺先聲班原稿的四支古曲以作演出之用，分別是〈寶玉怨婚〉、〈偷祭瀟湘〉、〈黛玉歸天〉和〈瀟湘琴怨〉。

任劍輝的徒弟譚倩紅

譚倩紅（1931 － ）童年在澳門生活，父親經營一所洗衣舖。粵劇花旦鄧碧雲剛巧住在她樓上，所以經常有機會碰面，並且跟隨鄧碧雲到域多利戲院看大戲。久而久之，譚倩紅迷上粵劇，渴望當上粵劇花旦，又希望鄧碧雲可以收她為徒。那時譚倩紅才十一二歲，而鄧碧雲要跟隨陳錦棠的錦添花到廣州、四鄉一帶演出，若然帶上一位孩童，一來時值戰時不容易照顧，二來所承擔責任非常重大。故此，鄧碧雲不能夠答允帶她前赴廣州。

鄧碧雲上廣州前就對譚倩紅說，不若跟隨任劍輝在澳門落班演出。年紀輕輕的譚倩紅，毅然獨自走到戲院後台，找到任劍輝的箱位，大膽地去詢問任劍輝和她的衣箱芬姨。當時他們都對這位小朋友半信半疑。其後經過一段時間考慮，任劍輝就囑咐新聲經理徐時，於開班時提攜譚倩紅做啞口梅香。任劍

譚倩紅

輝是新聲文武生，當年在澳門，新聲、花錦繡、
太上都屬於大型班，這實在是一個十分難得的
機會。

於新聲不到一年，班方就給譚倩紅機會，讓她
去做一些開口角色。譚倩紅猶記得當年經常反
串童角，飾演任劍輝兒子。特別是徐若呆編撰
的《郎歸晚》，任劍輝飾演劇中男主角馬國全，
需要唸出一大段織錦迴文詞，字字鏗鏘，感人
淚下：

君承皇詔安邊戍，送君遠別河橋路。
含悲忍淚贈君言，莫忘恩情便長去。
何期一去音信斷，遺妾羅幃春不暖。
瓊瑤階下碧苔生，珊瑚帳裏紅塵滿。
此時道別每驚魂，此生何日更逢君。
一心願作滄海月，一心願作嶺頭魂。
嶺魂歲歲逢君面，海月年年照得遍。
飛來飛去到君旁，千里萬里遙相見。
迢迢遠路關山隔，恨君塞外去為客。
去時送別蘆花黃，誰料已經柳花白。
百花散亂逢春早，春意佳人向誰道。
垂楊遠徑為君扳，落花滿地無人掃。
庭前春草正芬芳，抱得秦箏向畫堂。
為君彈得江南曲，附寄情心到朔方。
朔方迢迢山難越，萬里音書腸斷絕。
銀妝枕上淚沾衣，金縷羅裳縫分裂。
三秋鴻雁渡江聲，此是琴人斷腸詞。
琴弦未斷腸先斷，怨結先成曲未成。
君今憶妾重如山，妾亦思君不暫閒。
織將一本獻天子，願放兒夫及早還。

事隔七十多載，譚倩紅仍可娓娓唸來，可證明印象之深刻。新聲
劇團擁有不少音樂名家，掌板為姜林，頭架為羅寶生，其他音樂
名家還有黎寶銘、林兆鎣等。譚倩紅的唱腔開山師傅就是黎寶銘。

編劇聖手 徐若呆

徐若呆（1908 － 1952），著名粵劇編劇家，產量快而多，並且保持一定藝術水準。1929年經著名小武靚少佳介紹加入勝壽年劇團，先學提場，後成爲編劇。先後爲勝中華、興中華、錦添花、鏡花艷影、新聲、龍鳳、覺先聲等劇團編撰劇本，名劇有《夜出虎狼關》、《煞星降地球》、《飛賊白菊花》等。1950年，徐若呆舉家從香港回廣州定居，先後擔任永光明、珠江、南方、太陽升、新世界等劇團的劇務，為呂玉郎、楚岫雲、羅品超、郎筠玉等名伶撰寫劇本。

歷年創作劇目接近二百部，著名作品有《完璧歸趙》、《血染銅宮》、《子證母兇》、《乞米養狀元》、《夢斷殘宵》等。如果他不是於1952年早逝，他的驚人創作力難以估計。1952年4月26日晚上，徐若呆於廣州樂善戲院觀看自編新戲《百姓雄獅》期間，突然

中風暈倒，搶救無效而不幸逝世，享年四十四
歲。

鏡花艷影、平安、鳴聲、新聲年代，估計任劍
輝演出徐若呆所編劇本接近一百部。雖然現在
較難找到齊全的徐若呆劇本，但從劇目分類，
以及劇藝評論，都依然可找到一些令任劍輝的
演藝事業更上層樓的角色。比如《晨妻暮嫂》、
《郎歸晚》、《紅樓夢》、《海角紅樓》、《蕭
月白》、《再折長亭柳》、《風流天子》、《重
台別》、《海棠淚》、《款擺紅綾帶》等，在
觀眾擁戴下，叫好叫座。名伶與編劇家的藝術
交流，可起相輔相承的作用。

1949 年至 1950 年，觀眾比較留意粵劇中的主
題曲，報章廣告上都會標示紅伶有哪首主題曲，
以吸引觀眾入場。任劍輝的唱腔亦引起戲迷興
趣，她所主唱的〈賣欖歌〉、〈點點海棠淚〉、

〈偷祭金嬌墳〉等主題曲，配合了她於舞台塑造令人難忘的角色。
讀者可於本書附錄的〈任劍輝粵劇主題曲拾遺〉，欣賞徐若呆的
文字魅力。

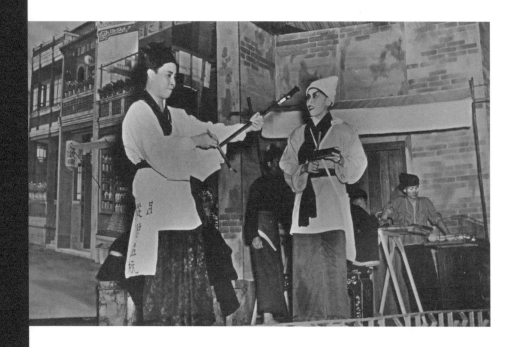

歐陽儉、任劍輝於《蕭月白》表演賣白欖

1   2

1   《花田八喜》扮美造型

<u>3</u>

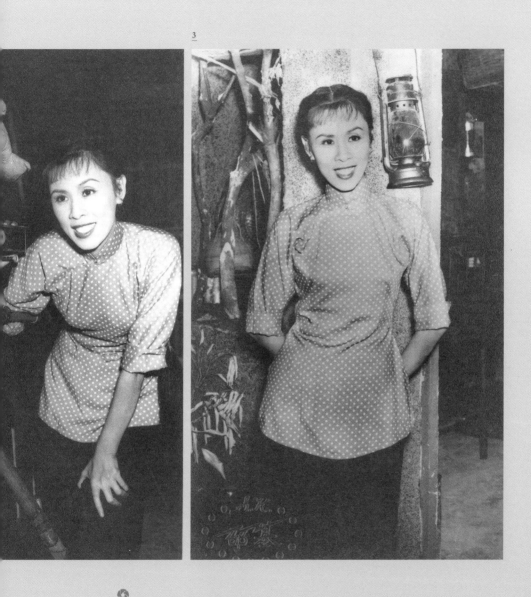

２、３　電影《金玉滿華堂》漁家女造型（鳴謝：堅成影片公司）

任劍輝罕見的清裝花旦扮相

任劍輝

很多文武生的反串裝扮，需要旁人
幫忙穿戴，不知道任姐的花旦穿戴，
是否自己料理呢？

2

3

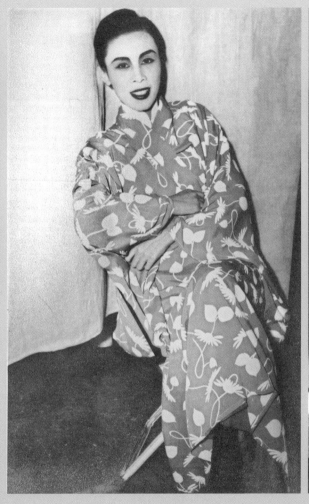

1　《幻覺離恨天》帶領雛鳳們演出

2　《富士山之戀》和服造型

3　電影造型《新梁山伯祝英台》

任姐無論於舞台還是電影，造型千變萬化，絕不馬虎

任姐只會於電影中穿西裝，私底下從不這樣打扮

1

2

<u>1</u>　任姐於 **1936** 年的旗袍照片　　　<u>2</u>、<u>3</u>　不同設計的中式旗袍

3

1

2

1　任姐的泳裝
2　任姐也有穿隆重晚禮服
3　攝於 1960 年代，任姐的套裝淡雅樸素

不常見的運動裝束

啟德機場留影

1

2

第 一 章　 起 舞 弄 清 影

1　　貪玩的任姐試騎電單車
2　　郊遊時的騎馬之樂

任姐的衣着品味有個人風格，簡潔樸雅，
令人看得悅目，絕不會盲目追逐潮流

第二章

似花還似非花

桂名揚是袍甲小生，任姐無論演的、唱的，實際都是「桂派」，

所以其實並沒有「任腔」（任派唱腔），

一唱就是桂名揚的腔，是「桂腔」；

任姐演戲雖好，但也不能稱派，因為她仍是「桂派」。

她的小生風格相當硬朗，這可是任姐的特點。

由於流風所及，我們這一輩做小生的，也習慣了硬淨、爽朗的一路。

這也有好處，起碼不會文縐縐的，過於沉悶。

這種特點，可說是「文戲武做」。

阮兆輝：〈仙鳳鳴創造了一個新時代——兼談任劍輝與白雪仙的
舞台藝術〉，黎鍵主編：《香港粵劇時蹤》，香港：市政局圖書館
■ 1998，頁 132

十年磨劍換宮商，聲引情長韻亦長，

不信傳神獨遺貌，師承依舊桂名揚。

朱少璋：〈創新腔〉，《燈前說劍——任劍輝劇藝八十詠》，香港：
匯智出版有限公司 ■ 2009，頁 11

金牌偶像 桂名揚

桂派藝術影響很大，很多名伶如陳錦棠、黃千歲、任劍輝、麥炳榮、黃超武、黃鶴聲、盧海天、陸飛鴻、梁蔭堂、羅家寶等，都把桂派藝術融會發揮，以豐富自身的本領。

桂名揚（1909 － 1958）於 1925 年至 1928 年，加入馬師曾的大羅天、國風等劇團，由第八小武升至正印小武。桂名揚很留意馬師曾的演出，特別是《趙子龍》一劇，他吸取了馬師曾的優點再而改進，奠定了他日後的小武風格。

1931 年，桂名揚獲聘往美國三藩市、紐約等地演出，深為當地華僑所歡迎。他的《趙子龍》、《攔江截斗》、《百萬軍中藏阿斗》等劇，青出於藍，備受讚賞。紐約安良堂贈送一面十四兩重金牌給桂名揚，鑄有「四海名揚」四字，自此「金牌小武」美譽就跟隨

着他。他把馬師曾和薛覺先的藝術融會貫通，人稱「薛腔馬型」。桂氏本人覺得稱「薛腔馬神」更為適合，即意謂他吸取了薛覺先唱腔的精髓，和馬師曾的表演神態。他自創的「鑼邊花」，配合上場身段和程式，廣泛地被同行採用。（桂仲川主編：《金牌小武桂名揚》〔香港：懿津出版企劃，2017〕，頁 28；羅家寶：《藝海沉浮六十年》〔澳門：澳門出版社，2002〕，頁 215）

《趙子龍》一劇，源自馬師曾，本來馬師曾劇名為《無膽趙子龍》，意思為趙子龍無膽入情關之意。桂名揚則把故事重點放在「保主過江」，刪去「無膽入情關」的情節。演至〈甘露寺〉時，馬師曾本以「沖頭滾花」上場，而桂名揚則改用密打鑼邊上場，後人稱他首創這種鑼鼓點為「鑼邊花」，平添人物出場氣勢。桂名揚身材高大，出場配合緊湊鑼鼓，立即就

威風八面，令觀眾印象深刻。（羅家寶：《藝海沉浮六十年》〔澳門：澳門出版社，2002〕，215 頁）

1932 年，桂名揚離開美國，參加省港班日月星，和李翠芳、李自由、陳錦棠、黃千歲、廖俠懷、王中王等合作，以《趙子龍》、《火燒阿房宮》、《冰山火線》、《血戰榴花塔》、《皇姑嫁何人》等名劇，令日月星成為省港班霸。

任劍輝就是經常觀看桂名揚演戲，繼而心領神會，去模仿他的身段、做手、技藝等特點，並且實踐於舞台上，經常演出小武戲碼，因而獲得戲迷美譽為「女桂名揚」。於鏡花艷影時期，任劍輝演過桂名揚名劇《血戰榴花塔》、《崔子弒齊君》、《烈女報夫仇》、《活命琵琶》等。

桂名揚

玉面雙雄同台演出

林綺梅即是粵劇名旦蘇州妹，她嫁後退隱多年，卻在 1938 年 10 月和 12 月兩度披上歌衫，目的為招募粵防公債和籌賑難民。她獻出嫁妝戲《貂嬋拜月》、《夜送寒衣》和《夜吊秋喜》。12 月更為婦女慰勞會義演三晚，和林綺梅配戲的名伶有桂名揚、任劍輝、靚榮、葉弗弱、伊秋水等（《工商晚報》廣告，1938 年 12 月 27 日）。報紙廣告上的宣傳，稱呼桂名揚「金牌文武生」、任劍輝「文武泰斗」、靚榮「武生王」、伊秋水「東方差利」、葉弗弱「懵面笑匠」。

這是筆者找到桂名揚、任劍輝於戰前同台演出粵劇資料，未知是否第一次同台。因為抗戰前，除了八和戲劇協進會，其他婦女會、學生會、各類組織都有舉辦很多籌款募捐活動，如遊藝會、賣花會、賣物會等。各大電影明星、粵劇紅伶、名媛閨秀等，都踴躍參

《工商晚報》
■ 1938 年 12 月 27 日

加。因此可能有機會，桂名揚、任劍輝於其他
義演場合，曾經同台也是未知之數。

1938 年 12 月 21 日《大公報》〈林綺梅再度義
演〉一文內說道：「除新置大批畫景及服裝外，
對於每一場面之歌曲，特請名家重新編訂，即
所與林氏拍演之角色，亦重新羅致，時下聲色
藝俱優之男女紅伶若干人與之合演，務使橋段
翻新，曲詞新穎。」故此，估計任劍輝應於劇
中佔小生之位，可能有一至兩場會與桂名揚有
對手戲。

安能辨 我是雄雌

1951 年 5 月，桂名揚乘坐遊輪，由美國回到香港。1951 年 10 月至 1952 年 2 月，桂名揚參加了寶豐大劇團第一至三屆班，和羅麗娟、廖俠懷、白玉堂、任劍輝、白雪仙等合作。其後往新加坡、吉隆坡、越南等地演出。約 1953 年後期，桂名揚因治病而雙耳受到影響失聰，不能再上舞台演出。1957 年回廣州定居。

澳門紳商何賢做班主的寶豐大劇團，第三屆陣容是桂名揚、任劍輝、羅麗娟、白雪仙、陸飛鴻、李海泉、歐陽儉等。任劍輝不太喜歡做花旦戲，這次卻為了尊重桂名揚，在《新梁山伯與祝英台》和《木蘭從軍》內，任劍輝願意退至正印花旦之位，飾演祝英台、花木蘭。

1　《香港工商日報》　■　1951 年 12 月 13 日

2　《香港工商日報》　■　1951 年 12 月 14 日

當時香港粵劇界，做足一個月為一屆班，其時與寶豐打對台的，還有大龍鳳和普長春。大龍鳳有新馬師曾、芳艷芬、白龍珠、馬師曾、麥炳榮、衛明心、姚萍；普長春有紅線女、何非凡、石燕子、羅艷卿、梁醒波、任冰兒、張醒非。競爭非常劇烈，各班都爭相網羅最有劇壇地位的人馬。

《新梁山伯與祝英台》演出照。左起：歐陽儉、桂名揚、任劍輝、白雪仙（鳴謝：桂仲川先生）

大龍鳳的廣告宣傳有：「馬師曾演士九」、「新馬老馬同台」等；
而李少芸編劇《新梁山伯與祝英台》，新馬師曾飾梁山伯、芳艷
芬飾祝英台。主題曲有新馬師曾〈三年一覺痴迷夢〉、芳艷芬〈血
染枝頭恨正長〉。寶豐就有曲王吳一嘯編劇，劇名也是《新梁山
伯與祝英台》，班底為桂名揚（飾梁山伯）、任劍輝（飾祝英台）、
歐陽儉（飾士九）、白雪仙（飾人心）。不知是班政家互通聲氣，
還是無心插柳，竟然鬧雙胞、打對台。

筆者多番請求收藏家朋友們幫忙，尋覓《真欄日報》或其他小報，
可惜至今未找到吳一嘯所編《新梁山伯與祝英台》的主題曲或者
報紙劇本。所以未知是否完全保留傳統分場，如〈草亭結拜〉、
〈十八相送〉、〈樓台會〉、〈哭墳〉、〈化蝶〉等主要場口。
如果有〈樓台會〉，任劍輝會穿戴正印花旦的服飾？如果有〈化
蝶〉，桂名揚、任劍輝會唱甚麼小曲？他們如何舞動蝴蝶衫？或
者兩人只在佈景前紮架，讓觀眾鼓掌？他們怎樣處理生旦戲的交
流呢？粵劇歷史留下的謎團，令戲迷更加着迷去找尋真相。

從《華僑日報》整理，寶豐第三屆、大龍鳳、普長春的夜場演出
資料羅列如下：

時期	普慶戲院	高陞戲園
1951 年 12 月 10 至 16 日	大龍鳳 ◎《新梁山伯與祝英台》	普長春 ◎《搖紅燭化佛前燈》
1951 年 12 月 17 至 23 日	普長春 ◎《搖紅燭化佛前燈》	大龍鳳 ◎《新梁山伯與祝英台》
1951 年 12 月 24 至 30 日	大龍鳳 ◎《萬里琵琶關外月》	普長春 ◎《蠻女催妝嫁玉郎》
1951 年 12 月 31 至 1952 年 1 月 6 日	普長春 ◎《蠻女催妝嫁玉郎》	大龍鳳 ◎《萬里琵琶關外月》、 ◎《香消燕子樓》

另外，寶豐的《木蘭從軍》是李少芸編劇，主題曲有桂名揚〈雪夜訪蘭娘〉、任劍輝〈寒笳夜夜驚〉。角色分配如下：桂名揚飾伍登、任劍輝飾花木蘭、羅麗娟飾金梨宮主、白雪仙飾鳳雲宮主、陸飛鴻飾寶琳、李海泉飾秦河鼠、歐陽儉飾程鐵牛、陳鐵英飾李靖、英麗梨飾眉眉。文武生沒有和正印花旦大團圓結局，雖然花木蘭對伍登早有好感，不料突厥鳳雲宮主於陣上招親，和伍登結成一對。秦河鼠、程鐵牛都向花木蘭示好，可是花木蘭寧願退隱鄉間。

此屆寶豐，桂名揚、任劍輝還有兩部新劇，就是雲羽編《驚雁鎖桃心》與陳冠卿編《斷腸碑下一盲僧》。暫時筆者仍未找到此兩

東樂戲院	中央戲院
寶豐 ◎《新梁山伯與祝英台》、 ◎《木蘭從軍》	／
／	寶豐 ◎《新梁山伯與祝英台》、 ◎《木蘭從軍》
寶豐 ◎《斷腸碑下一盲僧》、 ◎《驚雁鎖桃心》	／
／	寶豐 ◎《斷腸碑下一盲僧》、 ◎《驚雁鎖桃心》

劇的劇情或劇本唱詞，希望日後有心人可以發掘更多資料，以彌補筆者之不足。

「正版」桂名揚與「女桂名揚」任劍輝做生旦對手戲，是破天荒的第一次。當年觀眾不知有否留意，舞台上仿似有兩個桂名揚。這次演出對任姐來說可會有特別意義呢？希望日後研究桂派歷史或者任劍輝的學者，多加注意這台有師徒意味、惺惺相惜的名伶演出，在舞台上發揮桂派的藝術力量。

2

1　　《李後主》電影造型
2　　與吳君麗的電影《為郎頭斷也心甜》，故事改編自韓國民
　　　間故事《春香傳》（鳴謝：堅成影片公司）。麗姐與任姐
　　　合作不少彩色電影，如《白兔會》、《教子逆君皇》、《狸
　　　貓換太子》、《一點靈犀化彩虹》等

1、2　任劍輝與羅艷卿合作的電影，數量驚人，包括有《非夢奇緣》、《狄青》、
　　　《慧姑爺》、《西河會妻》、《正德皇牡丹亭戲鳳》、《大俠金葫蘆》、
　　　《金鎖匙》、《烽火恩仇十六年》等

<u>3</u>

<u>3</u>　　余麗珍的夫婿為編劇家李少芸。余麗珍和仙姐、任姐於舞台結緣於大鳳凰、大富貴等劇團。余麗珍和任姐合作的電影，有《帝苑春心化杜鵑》、《楚雲雪夜盜檀郎》、《山東紮腳穆桂英》、《紮腳劉金定》等，都給戲迷留下深刻印象。

3

4

3、4 粵劇團沒有形象顧問、服裝指導等職位，每位
　　　伶人都要為自己的裝扮，付上很多心思。

2

1　　任姐罕有隆重地扣上心口針和戴上戒指，作盛妝打扮
2　　《帝女花》周世顯既懷家國恨，復傷兒女情

1

1　　電影《錦艷同輝香雪海》（任劍輝、羅劍郎、白雪仙主演），故事
　　　意念源自錦添花著名粵劇戲寶。後來任姐、仙姐再把它拍成戲曲片
　　　《紅梅白雪賀新春》

2　　與紅線女的清裝舞台扮相。紅線女與任姐、仙姐結台緣，始於李少
　　　芸籌辦的五福劇團。其後於寶豐、一枝春等劇團也有合作，著名粵
　　　劇有《紅白牡丹花》、《一代天嬌》、《女媧煉石補青天》等

2

鄧碧雲和任劍輝合影。鄧碧雲早在澳門和任姐結台緣，1943 年至 1944 年一起
演粵劇。和平後返回香港，兩人只在錦添花合演過一屆。電影則有多部作品，
如《神女會襄王》、《烈女報夫仇》、《楚漢爭》、《夜祭金嬌》、《皇姑嫁
何人》、《桂枝告狀》、《金銀珠寶到門來》、《洛陽橋畔姑嫂墳》等

1　　　　　　　　　　　　　　　　　2

1、2 鳳凰女、任劍輝合影。鳳凰女與任姐結緣於鴻運劇團，合演過名劇《富士
　　山之戀》、《燕子啣來燕子箋》、《花都綺夢》、《英雄掌上野荼薇》等；
　　還有合作電影《還我山河還我妻》、《五諫刁妻》、《仗義還妻》、《巧
　　鳳試郎心》、《妙賊》、《夫證妻兇》等

3

3 林家聲與任姐，多數於電影中飾演父子、兄弟、
師徒等。他們於余麗珍、李少芸的麗士影業，
多有合作

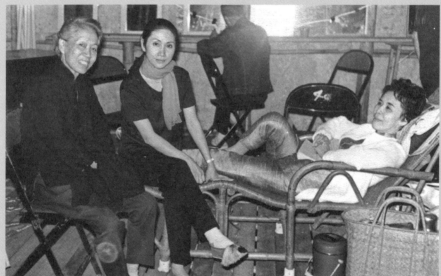

3

4

1　　　任姐片約繁忙，經常於片場內小睡休息

2　　　任劍輝、何非凡於片場內閒談

3　　　任劍輝、尤敏

4　　　任姐和武狀元陳錦棠合作於多個劇團，包括錦添花、大好彩、
　　　　鴻運等。著名粵劇有《火網梵宮十四年》、《楊乃武與小白
　　　　菜》、《香銷十二美人樓》、《英雄掌上野荼薇》等

1963 年，任冰兒在慶新聲擔任二幫花旦。編劇徐子郎的《無情寶
劍有情天》，為她寫了一位內心非常複雜的角色桂玉嫦（嫦姐姐）。
任冰兒得到任姐執手相教，令她成功演活了這個經典角色

1

1　　與鳳凰女、南紅為電影《仗義還妻》錄音
2　　與冼劍麗灌錄唱片
3　　與羅艷卿、半日安為電影《非夢奇緣》錄音

1

2

3

4

1　　邵氏電影《楊貴妃》首映禮，任白與李翰祥、李麗華、嚴俊同台

2　　與影星任燕於宴會上

3　　麥炳榮與任姐在大龍鳳、金鳳屏等劇團結台緣，同台演出著名粵劇有《艷陽
　　　丹鳳》、《一彎眉月伴寒衾》、《一枝紅艷露凝香》、《金鳳迎春》等

4　　任姐和于素秋合作過電影《花開富貴錦城春》

1

1　任白與編劇家李少芸、影星曹達華合影　　2　與蕭芳芳、陳寶珠合影

1　芳艷芬、任姐拍《點錯鴛鴦譜》

2　啟德機場，常見星光熠熠。左起：白雪仙、芳艷芬、任姐、張瑛、梁醒波、
　陳錦棠、靚次伯

3　1954 年，位於油麻地的金華戲院開幕，左起：白雪仙、白露明、任姐、朱丹、
　芳艷芬、周坤玲

1

2

第三章

千古風流人物

在藝術性格上，

其實她（任劍輝）與芳艷芬最為相似，都是

天生從容隨意，揮灑自如。

香山亞黃：〈人盡可「妻」俏「郎君」〉，載邁克編：《任劍輝讀本》
（第二版），香港：香港電影資料館 ■ 2005，頁 89

以《洛神》為例，我看過陳錦棠、芳艷芬的演繹。

陳錦棠演曹子建，黃千歲演曹丕，你只會覺得是一齣宮幃鬥爭劇。

後來我在另一屆新艷陽日戲再看《洛神》，

同一劇本，任姐演曹子建，就完完全全有另一種觀感，

整套劇頓時添上文采，變成一齣千古傳誦的才子佳人悲劇。

伍屬梅口述、張敏慧筆錄、盧瑋鑾整理：〈此情可待成追憶——舞
台上的任姐〉，載邁克編：《任劍輝讀本》（第二版）■ 2005，頁 97

鵬飛展翅 任劍輝

1950 年，新聲解散後，任劍輝參加了大光明、大鳳凰、錦添花、大龍鳳、五福、大金龍、大好彩等劇團演出，拍過著名花旦關影憐、余麗珍、芳艷芬、鄧碧雲、紅線女等。名劇有《落花時節落花樓》、《楊乃武與小白菜》、《艷陽丹鳳》、《一彎眉月伴寒衾》、《帝苑春心化杜鵑》、《十奏嚴嵩》、《屠城鶼鰈淚》、《女媧煉石補青天》、《一代天嬌》、《百萬軍中尋妹喜》、《紅拂女私奔》等。合作過的編劇有馮志芬、陳冠卿、吳一嘯、李少芸、唐滌生、潘一帆等。

任劍輝、芳艷芬最初同台，始於 1950 年 10 月的錦添花。陳錦棠請他們參加演出，唐滌生為他們編寫了一批劇本，如《火網梵宮十四年》、《裂裳難掩離鸞恨》、《血掌紅蓮》、《梟巢孤鶩》。有這樣的說法，1950 年代演繹唐滌生作品最多的演員是芳艷芬和

任劍輝。筆者暫時沒有這方面的數據，但觀乎
金鳳屏所演出劇目，百分之九十的劇本屬於唐
滌生，而班主是何澤蒼。唐滌生和何澤蒼十分
投契，兩人更合組澤生電影公司，把唐滌生的
粵劇搬上銀幕。

1952 年 8 月，金鳳屏獻上《一枝紅艷露凝香》、
《漢苑玉梨魂》、《一樓風雪夜歸人》等劇目，
開山演員有芳艷芬、任劍輝、麥炳榮、白雪仙、
白龍珠、半日安等。9 月份來個突破，沒有任劍
輝，班主邀來白玉堂、鄧碧雲加入，合演《再
世重溫金鳳緣》、《梨渦一笑九重冤》、《艷
女情顛假玉郎》。11 月，芳艷芬與任劍輝、黃
千歲、白雪仙、麥炳榮，演出《一點靈犀化彩
虹》、《紅樓二尤》、《蓬門未識綺羅香》、
《夢斷香銷四十年》（註：這劇為陳冠卿作品
的同名劇本，故事內容完全不同）等。1953 年，
金鳳屏由芳艷芬、任劍輝、白雪仙、麥炳榮、

歐陽儉組成，2月的農曆新年檔期合演《金鳳迎春》、《艷滴海棠紅》、《普天同醉賀新年》、《啼鶯驚破前生夢》等；3月演出《一年一度燕歸來》。

唐滌生因人度戲，為芳艷芬、任劍輝寫出另一種格調的戲軌。芳艷芬以青衣為主，可以是受盡委屈，或含辛茹苦，或雍容矜持。任劍輝則瀟灑自然，沒有賣弄浮誇。他們的合作產生另一種含蓄內斂的舞台張力。由於金鳳屏的成功，亦促使他們日後於新艷陽的合作。

唐滌生肺腑言

唐滌生喜歡為劇中人物繪像，又喜歡在劇團特刊上撰文，抒發己見。他的文章多見於各劇團特刊，這次發掘了一篇在金鳳屏特刊上的文章，讓我們多了解有關他創作生涯的點滴。1952 年，唐滌生這位多產作家，停筆半年，沒有創作意欲，原因何在呢？這篇寫於 1952 年 6 月 20 日雨後的特刊文章，自有答案。

唐滌生直接清晰，道出他對當時劇壇的組織現象和班政家不滿：

> 我記得《娛樂之音》於 6 月 9 日，何澤蒼先生一番對記者的答話像一針見血的剖述出組織現象的不合理，組織不合理很可能影響紅伶的演出情緒和劇作者的心情，譬如天天滿座，班政家還苦着口面（其實

滿座也是虧本的）。劇作者要求佈置
配置方面落點本錢，使它合理一點，
不能得到班政家同意。

諸如此類，除了一味賣低級噱頭求領
土完整之外（其實我未見過以低級噱
頭而能保領土完整者，不過是無可奈
何時期一種妙想天開而已），一切都
是敷衍了之，在抄一部舊戲可以省點
戲金，或希望花旦鬆五色面或文武生
最好能演出三上吊的念頭之下，我便
知道無事可幹，我於是擲開了我慣用
的筆尖兒，收拾起我的曲紙，停頓了
六個月。

可以想像當年流行低級噱頭的劇團，令到粵劇
質素普遍下降。唐滌生更希望消除這股拖慢粵
劇發展的阻力！

唐滌生對於金鳳屏的成立很是高興，他表示單就它的準備工作，已是近十年粵劇壇罕見的新表現。佈景方面，「金鳳屏已經在六個月前委託全中國第一流舞台佈景設計家王季平先生主理，經王先生嘔心瀝血的繪定三十幢佈景圖則後，再經專家弄出三十幢小模型，經過差不多一個月的審定時間，才決定了動用超過五萬元的數字去購買材料。分三個廠，第一廠借用在青山道 xx 街 xx 號馬平山製醬廠，第二廠是借用油麻地四方街的天后廟義學內，第三廠在南京街十六號金陵建造公司，僱用了永華影業公司的畫工、漆工和雕工，在創定三個月內完成這空前的創舉，使舞台增加現實感，成為全部立體化！沒有相當抱負的組織，誰能敢以如此魄力和金錢？」如此不惜工本製作，真是創舉。過往的參考資料，很少這樣仔細說明佈景製作的心血，而且僱用國語片商永華的畫工、漆工和雕工，令到製作團隊的實力增強不少。

還有燈光，「一切現用的燈光全部不要，每一盞小平燈及大射燈都重新一釘一鐵的造起來，決不會使每一場戲得不到燈光的補助，更不會使任何一個紅伶為了燈光的不合理而減低他或她的風采」。 想不到 1952 年，燈光對舞台上演員這樣重要，負責劇務的唐滌生，應該得到班主何澤蒼支持，連燈光都進行改革。

至於舞台裝置，「這一裝置是經幾許舞台設計專家日以繼夜的研究和改劃得來的，甚至乎，為了三幅壁畫，而須在敦煌壁畫藝術上用了莫大的功能，這樣落本，這樣雕砌，為的是甚麼，無非是增加了舞台的嚴肅性，使你望上去，如見真實的情景，紅伶們是真實的演戲，不是玩着，不是鬧着，不只沒有令你所付出的券價

有所不值，更能使你靜坐四小時，沒有一分一秒是無謂消耗的」。
增加舞台的嚴肅性，全心全意去面對觀眾，放諸於今天，也是金
科玉律。

演員陣容，「也是挑選得非常合理和嚴格，我認為芳艷芬、任劍
輝、白雪仙、麥炳榮、半日安、白龍珠，這幾位紅伶沒有一個不
是你們認識的偶像，不只是在梨園有煊赫的名譽，更在梨園有值
得歌頌的戲德，這正是一個有抱負的劇團裏應有的戰士，創造粵
劇應有光榮的中堅份子！」唐滌生提出了重點：「戲德」── 不
欺場，認真地去演活角色，是演員的責任。

成就一台粵劇，確是需要群策群力，班政、劇本、音樂、演員、
佈景、燈光、舞台裝置等，各方互相配合，這樣才可以產生藝術
火花。

與鄭孟霞、唐滌生留影

花旦王 芳艷芬

芳艷芬（1926 －）原名梁燕芳，年少時在國聲粵劇學院隨白潔初學藝，戰前在勝壽年劇團和小燕紅（即紅線女）一起擔當梅香。淪陷時期曾隨大東亞粵劇團由廣州來港演出，擔任幫花。由於有一次正印花旦突然失場，使她得到一次珍貴的擔正機會，不料觀眾有良好反應，此後升上正印花旦之位。

1946 年至 1947 年和羅品超在雄風劇團演出。隨後在廣州，她先後和白玉堂、新馬師曾於大龍鳳演出，名劇有《寶玉憶晴雯》、《桃花扇》、《啼笑姻緣》，她在《夜祭雷峰塔》改良了反線二黃的唱腔，大受觀眾歡迎，使到「芳腔」遠近皆知。

1949 年成多娜主理艷海棠粵劇團，由夫婿陳燕棠拍芳艷芬，其他成員有馮鏡華、羅家權、梁瑞冰、白超鴻、陸雲飛、小木蘭等。唐滌

生出任劇務，劇目有《生死緣》、《文姬歸漢》、
《新小青吊影》、《嬌魂偷會牡丹亭》、《我
為卿題烈女碑》等；徐若呆則編成《夜出虎狼
關》、《杜十娘怒沉百寶箱》。演期由 1949 年
9 月 5 日至 10 月 2 日，共 28 天，巡迴於普慶、
高陞兩院，其後往澳門演出，哄動港澳兩地。

1953 年至 1958 年，芳艷芬自組新艷陽粵劇團，
演出多部著名戲寶，如《萬世流芳張玉喬》、
《王寶釧》、《梁祝恨史》、《洛神》、《鴛
鴦淚》、《白蛇傳》等。新艷陽善於吸納各方
面人才，組織架構清晰，班政、宣傳、攝影、
編劇、音樂、佈景等，人才濟濟，使劇團運作，
事半功倍；演員優秀，兼且行當齊全，使到配
戲時牡丹綠葉互相輝映。1950 年代，新艷陽數
度往星馬、越南等地登台，風靡當地觀眾。

芳艷芬和多位著名文武生合作，如新馬師曾、陳錦棠、黃千歲和任劍輝，使到觀眾在欣賞新劇時有不同新鮮感。如陳錦棠的李成棟和曹子建、黃千歲的范蠡和曹丕、任劍輝的梁山伯和蔡昌宗、新馬的周仁和薛平貴等角色，優秀演員和改良劇本配合，相得益彰。芳艷芬對粵劇演出態度極之認真，每多揣摩角色心理和造型。她在《香銷十二美人樓》和《一入侯門深似海》的演出，就一人分飾性格迥異的角色。

《梁祝恨史》

芳艷芬的新艷陽劇團，於 1955 年 11 月 9 日上演《梁祝恨史》。編劇為潘一帆，演員有芳艷芬（飾祝英台）、任劍輝（飾梁山伯）、梁醒波（飾士九）、白龍珠（飾祝公遠）、蘇少棠（飾馬文才）、譚倩紅（飾人心）、英麗梨（飾祝大嫂）。

上海越劇電影《梁山伯與祝英台》於 1954 年 12 月開始在香港公映，盛況空前，一直到 1955 年，連映百多天，創下當年映期最長的紀錄。這齣電影由著名越劇演員袁雪芬、范瑞娟、張桂鳳、呂瑞英主演，在香港公映以來大收旺場，在本地電影界造成了「梁祝」效應，並先後出現廈門語和粵語歌唱片《梁祝》。

潘一帆保留了傳統分場，如〈草亭結拜〉、〈十八相送〉、〈樓台會〉、〈哭墳〉、〈化

蝶〉等主要場口。「這個戲，許多地方，都以
越劇梁祝為楷模，場口的編排，甚至祝英台的
裝身，跟我們在電影中所見的相似。它保留了
電影中若干的優點，卻又保持粵劇的傳統風格，
這方面是成功的。」（余老定：〈梁祝恨史〉，
《新晚報》，1955 年 11 月 12 日）

新艷陽的演出地點在利舞台，啟用旋轉舞台，
並有七幢立體佈景。主題曲有芳艷芬〈願為蝴
蝶繞孤墳〉、任劍輝〈有情活把鴛鴦葬〉。任
劍輝、芳艷芬固然演技出色，唱腔動聽，不過
沒有潘一帆優美雅致的曲詞，《梁祝恨史》不
會成為歷久不衰的經典版本。此劇在 1958 年有
彩色電影傳世，由任劍輝、芳艷芬、陳好逑、
靚次伯主演。

「戲內〈十八相送〉一場，利用旋轉舞台變景，
此係利舞台戰後第一次啟用旋轉舞台，呢場戲

重有一個特色，全部用中樂拍和，悠揚動聽，芳姐平喉唱得唔
錯。」（〈今日講：梁祝恨史〉，《大公報》，1955 年 11 月 12 日）

《梁祝恨史》極受歡迎，翌年芳艷芬和任劍輝預備首演《六月雪》
前，更徇眾要求重演《梁祝恨史》。1956 年雖然是重演，但班方
對這齣戲都非常重視，特聘佈景名師塵影，重新繪製新景十餘幢，
全部為新綜立體式。

「據塵影說：《梁祝恨史》初演時，利舞台的旋轉舞台，還是初
次啟用，位置的運用顯然都未符理想的，這番捨短取長，〈爆墳〉
一幕，氣氛當更見緊湊，而〈十八相送〉景色的變動，也較前活
潑得多了。」（〈新艷陽再演梁祝恨史〉，《華僑日報》，1956
年 9 月 6 日）

這點可以看到舞台處理的技術性問題，要有突破性的舞台效果，
借助先進科技是必要的條件。從 1950 年代的客觀環境來看，新
艷陽確是帶領粵劇邁進一步。戲迷對《梁祝恨史》反應熱烈，香
港電台和麗的呼聲都轉播整晚的演出。

任劍輝、芳艷芬《梁祝恨史》之〈化蝶〉。

　　梁山伯：我兩為情愛心不改，
　　祝英台：兩家魂魄花永開，
　　梁山伯：我心內更優哉悠哉，
　　祝英台：梁郎我愛，梁郎我愛，
　　合　唱：千秋後存留恨史，結合生死愛。

《六月雪》

《六月雪》首演於 1956 年 9 月 17 日，編劇為唐滌生。演員陣容有任劍輝（飾蔡昌宗）、芳艷芬（飾竇娥）、梁醒波（飾張驢兒）、蘇少棠（飾竇仙童）、譚倩紅（飾鳳屏宮主）、英麗梨（飾嫣紅）、半日安（飾蔡婆）、艷桃紅（飾荔香）、白龍珠（飾神宗皇）、歐家聲（飾李鳳車）、李學優（飾錢牧）。

任劍輝、芳艷芬在 1955 年新艷陽的《梁祝恨史》演出，十分成功。這次的《六月雪》卻是任姐、芳姐舞台上最後一次合作。關漢卿的原著《竇娥冤》集中在冤案、問斬和雪冤的情節上，而替竇娥平反冤案的是她父親竇天章。她夫婿早亡，是沒有出場機會。

唐滌生在劇本上大刀闊斧，刪改故事結構，增加人物，迎合六柱制和觀眾口味。運用其豐富想像力，着重正印生旦戲分，如「兩人

初遇」、「十繡香囊贈別」和「公堂會審」等
情節，在元曲中皆沒有。另外把原著翻案的父
親竇天章改為遇害未死的夫郎蔡昌宗，峰迴路
轉，為嬌妻竇娥尋找真兇。

「呢場戲（按：第二場）既富戲劇性，人情味
亦深，芳姐與任姐一段對手戲，調情說愛，表
演得非常細膩。神安顯然已做到個慈母良姑型。
肥波扮相既令你憎，又令你好笑，因妄想娶芳
姐做老婆不遂，轉而想出陷害任姐之毒計，演
來亦並無牽強之處。」

「呢場戲（按：第三場）由新房轉長亭再轉新
橋景，都幾有睇頭。芳姐趁繡香囊，用南音由
一繡唱到十繡，轉二黃下句，再轉白欖，又轉
小曲《雨打芭蕉》，均與任姐對答，唱做都入好
嘢個類。」（標準戲迷：〈六月雪〉（下），《新
晚報》，1956 年 9 月 22 日）

半日安一生演戲有兩場著名的「逼媳」，第一在覺先聲的《胡不歸》，他和上海妹、薛覺先配戲，他飾演惡家姑，強要拆散鴛鴦，把多愁多病的顰娘逼走；第二就是新艷陽的《六月雪》，他這次飾演善良的家姑，眼見兒子早夭，竇娥青春年少，如讓她白白守寡，家計又難以維持。於是她假作埋怨媳婦，其實是希望她另尋生路。

唐滌生成功地在刑場帶出膾炙人口的芳腔名曲〈六月初三竇誕香〉，又在公堂會審時，讓任劍輝發揮其小武本色，文戲武唱，把劇情推向另一高潮。《六月雪》此劇於 1959 年拍成彩色電影，由任劍輝、芳艷芬、半日安、劉克宣主演。

綜觀任劍輝於 1950 年至 1956 年所演出的粵劇作品來看，筆者十分同意資深戲迷伍屬梅的見解：「任姐形象刷新醞釀於 1955、56 年的《梁祝恨史》和《六月雪》。」（伍屬梅口述、張敏慧筆錄、盧瑋鑾整理：〈此情可待成追憶——舞台上的任姐〉，載邁克編：《任劍輝讀本》（第二版），頁 104）

芳艷芬、任劍輝最後一次於新艷陽合作《六月雪》。

　寶娥　：加上三根線，五繡荷仙姑，繡成天女散花圖。

蔡昌宗：在旁加個張果老。

　寶娥　：六繡二仙和合戲龍鬚。七繡白蛇盜取靈芝草。八繡
　　　　　齊天大聖摘蟠桃。

蔡昌宗：蟠桃留待你嘅婆婆食。

　寶娥　：靈芝送與我嘅蔡郎夫。九繡董郎天仙配。

蔡昌宗：喂，你千祈唔好繡佢召返宮曹。十繡仙姬來送子。

1

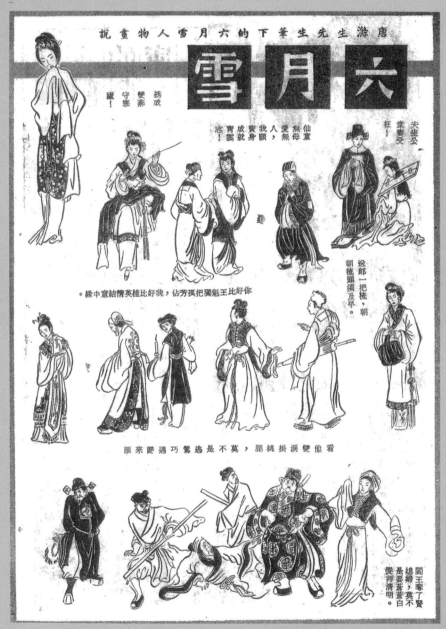

- -

<u>1</u>　　唐滌生所繪畫的《六月雪》戲中人物

<u>2</u>　　歐陽儉、余麗珍、任劍輝於大鳳凰劇團。歐陽儉和任劍輝皆反串女裝

<u>3</u>　　《金鳳迎春》為喜劇，主演有芳艷芬、白雪仙、麥炳榮、歐陽儉、任劍輝

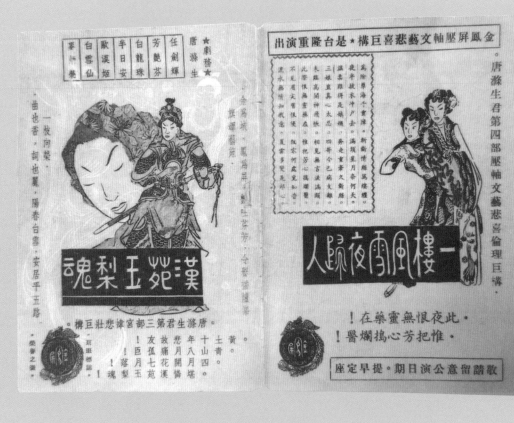

金鳳屏的戲橋和特刊

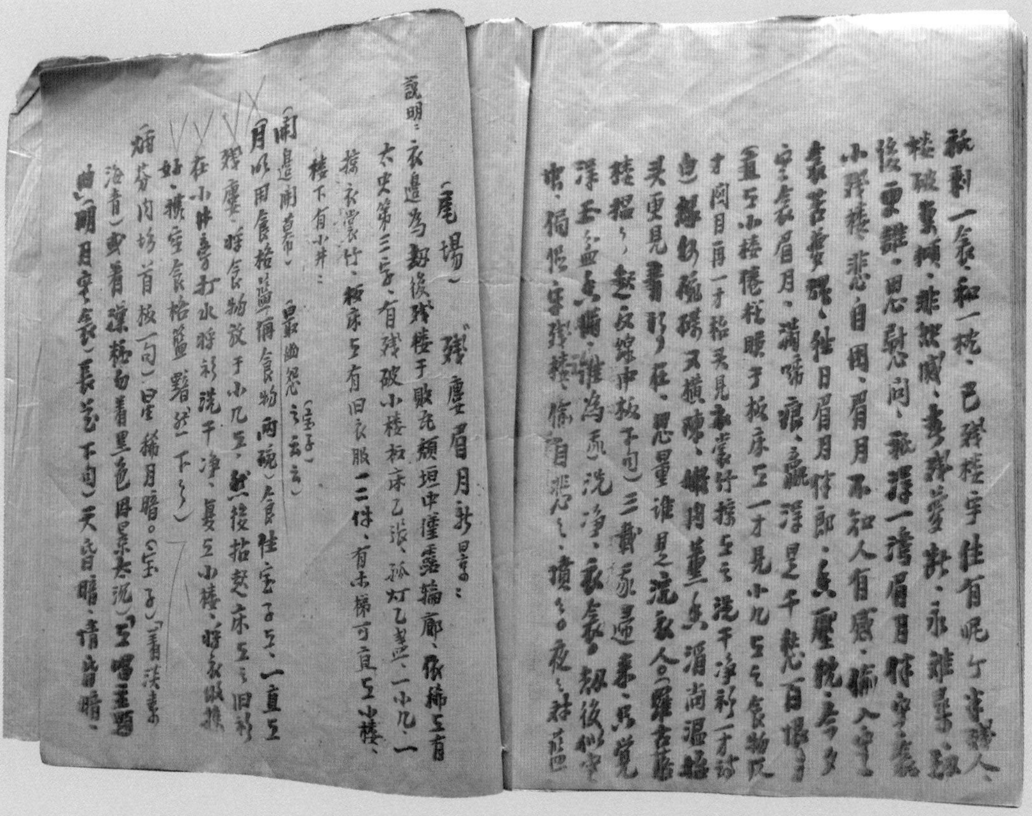

芳艷芬、任劍輝的《一彎眉月伴寒衾》泥印本

《一枝紅艷露凝香》，芳艷芬、任劍輝分飾母子

與芳艷芬於不同場合留影

很少見到唐滌生穿上長衫，他的右手還掐着雪茄，雪茄在當年是潮流
奢侈品。相內可見任姐真的好怕冷，衫領已經繫上絲巾，外面還要多
加一條頸巾

利舞台

花旦與戲迷情人再度攜手大傑作　　　鐵定十一月九日星期三起隆重公演

·蘇少棠·　·譚倩紅·　·白龍珠·　·梁醒波·　·芳艷芬·　·任劍輝·

新艷陽劇團

金牌漆招無敵雄師

·白雪香·　·黎坤蓮·　　　　　　　　·英麗梨·　·半優·

·空前罕見·　　　　　　　　　　　　·陣容鼎盛·

梁祝恨史

一流音樂名家拍和
南北武師名家參加演出
新型佈景名家設計

民間故事
新艷陽劇務委員會參訂
改編宸艷動人巨構

潘一帆編撰

·服裝瑰麗豪華·　·七幅立體佈景·　·啓用旋轉舞台·

《梁祝恨史》戲橋

○拜结橋草伯山梁台英祝
The meeting of Shan-po and Ying-tai (together with their servant and maid) at the bridge

《中聯畫報》刊登的《梁祝恨史》部分劇照。
芳艷芬（飾祝英台）、任劍輝（飾梁山伯）、梁醒波（飾士九）、
白龍珠（飾祝公遠）、蘇少棠（飾馬文才）、譚倩紅（飾人心）、
英麗梨（飾祝大嫂）

1

2

1　　芳艷芬的植利製作電影版《梁祝恨史》（鳴謝：堅成影片公司）
2　　任劍輝、芳艷芬於筲箕灣演出新艷陽的神功戲
3　　《中聯畫報》刊登的《六月雪》劇照與介紹

六·月·雪·

(一)竇娥為蘇家為婢身，賣娥為蘇宗昌之喜母與許，宗昌為京考試，依依後變，婚未變

〇Sold as a slave to the house of Tsois, Tau-ngoh is liked by the Mistress of the house and is matched to Chung-cheong as his wife.

(二)娶為宗昌喜母之許，宗昌為京考京試，依依後變
er marriage, Chung-cheong leaves Capital to take part in an examina-and there is a grieving parting n him and his wife, Tau-ngoh.

(三)驢兒指
ueghter for poison-ing her in return.

(四)蘇母懷念子，日漸消瘦形
Chung-cheong's aged mother, grieving at his death, suffers mentally and physically.

(五)驢兒訪宗昌元娥，大險慶勳，發
〇En route, Chung-cheong is drowned by his arch enemy Cheung Lo-yi, who now turns his attention to widow Tau-ngoh.

(六)宗昌樂歸，罪犯娥竇求昭雪冤屈
Chung-cheong triumphantly returns and his wife Tau-ngoh begs him to avenge Lo-yi for her.

(七)已昌教娥饒過，高中狀元招駙馬，辭勵必要省主
Actually, Chung-cheong has been saved and has successfully passed his examination to become a high State official. The Emperor wants him to marry his Princess, but he explains he is already married.

芳艷芬領導的新艷陽劇團，最近又在港上演，「六月雪」是其中的一部粵劇。由芳艷芬飾演竇娥，譚倩紅飾演銀屏宮主，任劍輝飾演蔡宗昌，半日安演張母。劇作者是本港名編劇家唐滌生。這本戲分別在利舞台和東樂戲院演出，為了海外讀者，我們特別有系統的拍一批照片。使遠方的讀者，得償心願。

14

芳艷芬、任劍輝合拍過不少彩色電影
（鳴謝：堅成影片公司）

唐滌生為新艷陽編寫的《洛神》可謂是浪漫主義傑作，把曹丕、曹植和甄宓的三角關係，刻劃得淋漓盡至。除愛情外，還有手足情、母子情的剖析，整部戲富有深度，演員亦容易入戲和發揮演技。曹植《洛神賦》有提及洛川神女的故事，唐滌生把賦中名句套入曲詞中，似是渾然天成，順手拈來，不見斧鑿痕跡，編劇技巧之高超可見一班。電影版中，任姐、芳姐的克制守禮，把激情內蘊，醞釀出另一種張力
（鳴謝：堅成影片公司）

1

2

3

1	電影《一年一度燕歸來》造型	2	電影《冤枉相思》造型
3	電影《春燈羽扇恨》造型	4	電影《一枝紅艷露凝香》造型
5	電影《萬里琵琶關外月》造型	6	任劍輝演《唐伯虎點秋香》， 芳艷芬往後台探班

（鳴謝：堅成影片公司）

梅綺，原名江端儀，著名粵劇編劇家南海十三郎是她的叔父。梅綺於 1937 年正式從影，參演第一部電影《百戰餘生》。從影 23 年，演出超過七十部影片，名作有《蝴蝶夫人》、《此恨綿綿無絕期》、《家》、《日出》、《金蘭姊妹》、《血染黃金》、《金山大少》、《啼笑姻緣》等。梅綺和仙姐拍過《霸王妖姬》，和任姐拍過戲曲片《花染狀元紅》

1

1　　《帝女花》之〈樹盟〉任劍輝飾周世顯，白雪仙飾長平宮主，梅雪詩飾昭仁宮主
2　　《帝女花》之〈香劫〉
3　　《帝女花》之〈乞屍〉任劍輝、梁醒波

2

3

1   2

1、2　《帝女花》之〈庵遇〉

周世顯：　遭百劫也留形，我為花迷還未醒。

長平　：　唉帝花嬌，不比柳花青，我身世自幼孤單似浮萍。

3   4

3、4 《帝女花》之〈上表〉

　　周世顯：　　六代繁華三日散，一杯心血字七行。

《西樓錯夢》，任劍輝飾于叔夜、白雪仙飾穆素徽、靚次伯飾于魯、梁醒波飾胥表、任冰兒飾輕鴻、蘇少棠飾池同

《再世紅梅記》之〈折梅巧遇〉

　　裴禹　　：　梅代柳，相愛後，也得閒愁盡歛，願守相思店。

　　盧昭容：　相思店，曾未同渡客船，終身靠郎憐。

1

2

1　　《牡丹亭驚夢》之〈遊園驚夢〉
2　　《牡丹亭驚夢》之〈回生〉

《牡丹亭驚夢》之〈幽媾〉

柳夢梅：　麗娘係鬼也不驚怕。抱膝慘喚麗娘向地扒。
　　　　　你為我死，香銷鏡花。我哭句曲終線斷空抱
　　　　　琵琶。拜艷屍，抱落霞。

杜麗娘：　夢梅不枉我傾心也。抱君慘喚夢梅血淚瑕。
　　　　　你肯為我死，施恩更加。不怨天不怨地反覺
　　　　　榮華。復活花再萌芽。

《牡丹亭驚夢》之〈探親會母〉

《牡丹亭驚夢》之〈拷元〉

柳夢梅： 我為她百拜其容長傾倒。
　　　　我為她磨穿十指血糊糢。
　　　　我為她夜半無眠，勤看護。
　　　　我為她傾心瀝血，始回甦。

《紫釵記》之〈燈街拾翠〉，任劍輝飾李益，江雪鷺飾浣紗

《紫釵記》之〈吞釵拒婚〉

李益： 十郎喊句舊情淡，偷將紫釵空泣嘆，怨句負愛寡恩紅顏。
夢斷香銷我痛不欲生，哭分飛釵燕不待我回還，
吞釵寧玉碎，情已冷，郎決殉愛，願以死酬俗眼。

任劍輝於《琵琶記》演至〈金殿剃髮〉，
白雪仙讚其：「演得極佳，狠、勁、癡，
堪稱三絕。」

第四章

流年暗中偷換

她的戲迷和影迷，大都是女人，其中大部分又是女傭。

也許她扮演男人那麼瀟灑逼真，使女人們發生一種英雄崇拜的心理，

也許大部分影迷為了她是女中豪傑，為婦女界出一口氣。

但是依記者個人的想法，這是任劍輝演技藝術成功的最大表現，

她是一個不平凡的藝人！

亦舟：〈特寫任劍輝〉，《中聯畫報》，第 26 期
■ 1957 年 12 月，頁 26、27

至於雛鳳，當年任姐和我，如此苦心，

也是為了粵劇薪傳盡一己之力，日後她們的得失成敗，

我們是沒有任何預計的，她們的路如何走，就看她們各自修行了。

舞台藝術的承傳，也得講因緣際會，

何況，天賦才情，雖在父師，不足以移子弟。不過，有一句話仍得說：

從事藝術工作者必須愛那門藝術，自身努力和多聽取意見，

求進求善，才有成效。

對於雛鳳，我已付出一切，也不再一一苛求了。

白雪仙、邁克著，盧瑋鑾主編：《姹紫嫣紅開遍——良辰美景仙鳳
鳴》（纖濃本），卷一，〈白雪仙序：思入水雲寒〉，香港：三聯
書店 ■ 2004 年

影迷公主陳寶珠

任劍輝以拜師儀式收下的徒弟是陳寶珠。陳寶珠自小已是知名童星，經常參加粵語片、國語片演出。九歲開始，陳寶珠跟隨名伶粉菊花學習北派武功，經常與粉師傅登台表演。到了十歲便與梁醒波的女兒梁寶珠合演粵劇，然後轉戰了大銀幕。1957 年 8 月，陳寶珠、梁寶珠、陳好述、梁醒波和陳非儂組成孖寶劇團，演出劇目包括《潛龍彩鳳鬧猴山》、《王伯當招親》等。1958 年 12 月，孖寶演出唐滌生編劇的《鐵弓奇緣》。演出後，得到任劍輝賞識。唐滌生逝世後，仙鳳鳴暫停兩年，直到 1961 年才首演由葉紹德新編的《白蛇新傳》。陳寶珠在劇中，飾演了哪吒和仙童。

任劍輝和白雪仙組織的雛鳳鳴，本來屬意以陳寶珠和李居安為理想的主要台柱，領導一群新人演出。陳寶珠和李居安曾合唱粵曲《紅了櫻桃碎了心》，為香港電台扶貧籌款的現場演出。可見任白對她們的重視和栽培。可惜兩人後來忙於拍攝粵語片，未能全身投入粵劇演出。

1965 年 9 月雛鳳鳴首次公開演出。包括三個折子戲《碧血丹心》、《紅樓夢之幻覺離恨天》及《辭郎洲之賜袍送別》。第一屆公演時，成員共有 12 人，計有：朱劍丹、江雪鷺、言雪芬、呂雪茵、芳雪羽、梅雪詩、蓋劍奎、謝雪心、蕭劍纓、龍劍笙、李居安和陳寶珠。

任劍輝和白雪仙同意下，將陳寶珠與龍劍笙分成 AB 制來飾演賈寶玉。後來礙於陳寶珠片約實在太忙，難於分身而疏於排練，只好減少舞台演出。雛鳳鳴劇團有別於其他戲班，每有演出一定要經過嚴格排練，不論唱做功架如何，每一舉手投足，都必須要與其他演員配合。

電影方面，陳寶珠成為青春偶像，受到影迷熱烈追捧。她與蕭芳芳合演彩色片《七彩胡不歸》、《玉郎三戲女將軍》，與李居安合演《狄青三取珍珠旗》，與吳君麗合演《風流才子俏丫環》，與羽佳合演《薛丁山與樊梨花》，及與南紅合演《再世紅梅記》等多部粵劇歌唱片。

1967 年 4 月，陳寶珠答應梁醒波重組孖寶劇團，演出葉紹德新編粵劇《江山錦繡月團圓》，賣個滿堂紅。除了梁寶珠、梁醒波，還有正印花旦羅艷卿、武狀元陳錦棠、初擔武生的尤聲普，和童星筱菊紅助陣。太平戲院及九龍大戲棚三千座位爆滿，每晚都有幾部警車在場維持秩序。

《江山錦繡月團圓》講述元順帝至正年間，復國義士方人傑與兒女小娟、力行，以及外甥唐芷香和唐經緯，暗中聯絡義民，伺機復國。唐芷香夫婿為魏希賢，本為復國英雄，因失手被擒，並被胡奴大帥招贅為婿。

八年後，魏希賢無意中與芷香重逢，計行反間，利用芷香擒獲經緯和小娟。經緯慘遭魏希賢施以酷刑，幸得芷香巧施妙計，將他救出。一年後，方人傑約定中秋夜率眾起義，經緯奮勇殺敵，卒將反賊魏希賢誅屠。

陳寶珠常有演出粵劇

雛鳳主帥龍劍笙

另一位任劍輝愛徒是龍劍笙（阿刨），原名李菩生，十六歲開始學藝。1960 年投考仙鳳鳴女舞蹈員，龍劍笙與其他 21 位入圍者皆從千人選出再培訓。龍劍笙於 1961 年首次在《白蛇新傳》中演鯉魚精及仙女。及後再被挑選為其中 12 位演員，分花旦及小生行當培訓，並於 1963 年成立的雛鳳鳴劇團中，專攻文武生行當。

龍劍笙於 1969 年演出全本劇《辭郎洲》，1972 年演出《英烈劍中劍》。1973 年正式外接神功戲，並於 1974 年至 1977 年拍攝《三笑姻緣》、《帝女花》、《紫釵記》三部戲曲電影。1972 年至 1985 年間，龍劍笙先後多次與劇團前往越南、新加坡、馬來西亞、美加及澳洲等地演出。

雛鳳鳴拍攝電影《帝女花》期間，任姐、仙姐每天都在片場指導

龍劍笙由出道至 1992 年間，領導粵劇班霸雛鳳鳴演出超過二千
場，廣受香港、東南亞及美加戲迷歡迎，成績斐然。龍劍笙的聲
色藝，為戲迷津津樂道。她主演的有《再世紅梅記》、《俏潘安》、
《牡丹亭驚夢》、《紅樓夢》、《蝶影紅梨記》、《紫釵記》、《李
後主》、《帝女花》等名劇。

1980 年代，雛鳳鳴改編新戲《游龍戲鳳》、《金枝玉葉》、《花
開錦繡賀元宵》、《柳毅傳書》、《再世重溫金鳳緣》、《俏潘安》
和《李後主》等。可見雛鳳們都希望有自己戲碼，而這批新戲都
不是任劍輝、白雪仙在舞台上演過的。只有《李後主》是根據任
白的電影版改編。

1992 年 3 月 10 日，龍劍笙於沙田大會堂演畢《蝶影紅梨記》後，
宣佈暫別舞台，移居加拿大溫哥華。2004 年 11 月，龍劍笙回歸
舞台。2014 年起，龍劍笙與粵劇新一代演員合作，傳承任白戲寶。

江雪鷺與梅雪詩

任白戲寶以生旦為主，說完文武生，當然不可忽略正印花旦，當中比較突出的徒兒有江雪鷺、梅雪詩（阿嗲）。江雪鷺原名湯明慧，她是仙鳳鳴《白蛇新傳》舞蹈員之一。她在 1965 年參加雛鳳鳴演出。1972 年南紅組織新鳳鳴，聘請江雪鷺和龍劍笙到越南演出。回港後，江雪鷺參加雛鳳鳴重組演出。任白傳給她的嫁妝戲有《穿金寶扇》和《琵琶記》。

五鳳加上朱秀英，1975 年至 1976 年在新加坡、馬來西亞等地演出大受歡迎。特別是江雪鷺，令觀眾印象深刻。她可以扮男裝唱平喉，演繹《梁祝恨史》；又可以演感情層次分明的內心戲，如《洛神》、《六月雪》、《琵琶記》等；更可以演武場戲，如《辭郎洲》、《英烈劍中劍》的「擋馬」、《白蛇傳》內大打北派和踢槍等。她的可塑性極高，可以

適應多種不同類型角色，故能獨當一面地發展。

江雪鷺在 1978 年至 1979 年加盟林家聲的頌新聲，在港澳巡迴演出。他們開山新劇有《仙侶奇緣》、《狄仁傑三打武元爽》。除了江雪鷺、林家聲，還有尹飛燕、李香琴、尤聲普、阮兆輝和新海泉一起。他們合作過多部戲碼，如《春花笑六郎》、《碧血寫春秋》、《梁祝恨史》、《連城璧》、《搶錯新娘換錯郎》、《胡不歸》等。

雛鳳鳴劇團由六鳳、四鳳，及後改組只剩下梅雪詩、龍劍笙，都無損在 1970 至 1990 年代傳媒的狂熱追捧，電視、報章、雜誌有很多關於他們的報道。當年傳媒只有少量肯報道粵劇消息，可是阿刨、阿嗲的曝光率卻極高，經常在電視為《歡樂滿東華》義演粵劇；而且每當雛鳳鳴開售票房，處處都會出現清晨已在排隊的

戲迷，包括大專會堂、利舞台、新光、沙田大會堂等。

梅雪詩天賦的金嗓玉喉，令她得到很多戲迷支持。她的入行經過與江雪鷺、龍劍笙一樣。她演過所有仙鳳鳴戲寶，並演出電影《三笑姻緣》、《帝女花》、《紫釵記》。1992年龍劍笙暫別舞台，雛鳳鳴解散，梅雪詩仍然努力不懈，堅持粵劇演出，毅力驚人，先後組成慶鳳鳴、鳳和鳴劇團，與不同演員合作。

任白慈善基金會以白雪仙為藝術總監，製作的《西樓錯夢》和《帝女花》，由龍劍笙夥拍梅雪詩；而《再世紅梅記》及《蝶影紅梨記》，則由陳寶珠拍梅雪詩。每次演出，皆轟動各地戲迷，一票難求！

龍劍笙、梅雪詩開山劇目《俏潘安》，極之成功！

1

1　任白的美寶公司開幕，陳寶珠、蕭芳芳與馮
　　寶寶均有到場祝賀。

2　與陳笑風、羅品超於新光戲院後台

3　與粵語片紅星紫羅蓮留影

1

2

3

4

1、2　　任劍輝、楚原、葉紹德、白雪仙對雛鳳的綵排，十分緊張

3、4、5　　靚次伯、梁醒波是仙鳳鳴台柱，對雛鳳鳴亦愛護有加

5

3

4

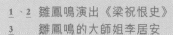

1、2 雛鳳鳴演出《梁祝恨史》
3　　雛鳳鳴的大師姐李居安
4　　謝雪心、梅雪詩

1

2

3

4

1　　　1960 年，陳寶珠向任劍輝行拜師禮
2　　　陳寶珠於片場看任劍輝演出
3、4　陳寶珠和任姐感情深厚，曾合演過多部電影，如《教子逆君皇》、
　　　《為郎頭斷也心甜》等

導　　演：白雪仙
經　　理：徐　時
編　　劇：葉紹德
佈景設計：陳慶祥
音樂設計：朱毅剛
作　　曲：
武打指導：李少華・任大勳
　　　　　梁少松
技術指導：梁醒波・黃千歲
　　　　　靚次伯・李奇峯

張達（龍劍笙）與陳璧娘（江雪鷺）一對忠義夫妻。

南宋末年，元兵入寇，泰半山河淪於胡虜。張世傑保宋主退守崖門，形勢危殆，乃命欽差赴潮州命前潮統領張達率領義軍勤王。張達因屢遭奸忌，忿然不肯應命。幸賴其夫人陳璧娘深明大義，聯同衆義士齊聲相勸，張達激於正義，緬懷國家興亡，毅然重披戰衣，踏上征途。

張達起兵之日，海州鄉親父老與璧娘一同到江干相送。豈料義軍出發多時，渺無音訊，璧娘等焦急不已，某日，忽然崖州帶來張達告急文書，命璧娘領兵援救，璧娘見事已燃眉，乃率領衆義民漁女飛赴崖門。

璧娘到達崖州海面，得悉帝舟沉沒，宋軍傷亡怠盡，張達敗走崖山東北岸。璧娘乘元軍祝捷，乃連夜揚帆棄舟飄向崖山西面引開元兵，然後率領義士殺入元營。豈料元兵防範森嚴，計不得逞。只見欽差已變節事仇，並說張達亦已投降元主，並勸璧娘歸順。原來張達係重被擒，欽差推出張達，威脅璧娘，雙方遂起衝突。張達以已身傷重。垂死力抗元兵，着令璧娘保存實力，退回海州，再圖義舉。

璧娘退回達同海州後，反賊張弘範率領水陸大軍前來包圍，以箭傳書，命海州父老于翌晨將璧娘過營，否則玉石俱焚。璧娘自感勢孤，難以應敵，乃與老婦連夜鳴金擊鼓，掩護衆義民撤退，囑衆人繼承素志，抗元復國。衆人去後，璧娘獨力戰元兵，壯烈殉國，烈魄忠魂永垂千古。

演員表

張　達	龍劍笙
陳璧娘	江雪鷺
許大娘	言雪芬
雷　俊	蓋劍奎
蕊　珠	呂雪茵
孟　忠	朱劍丹
秀　姑	梅雪詩
翠　姑	謝雪心
欽　差	朱少坡
孟　昭	賽麒麟
張弘範	梁漢威
孟　妻	陳鐵善
元副將	黃君林
漁女（甲）	彩鸞鳳
漁女（乙）	符少萍

陳璧娘率領所部義士起兵抗戰。

《辭郎洲》
宣傳品

陳璧娘領兵馳援張達會師崖門。

龍劍笙飾張達。

張達（龍劍笙）出兵，璧娘（江雪鷺）送別。

張達陳璧娘夫妻會師。

·陳寶善·

舞 台 內 外

。歡家合的郎大許

「州郎薛」的膽戰袍特寫。

李居安飾演許大娘。

「州郎薛」的演出場一。

陳寶珠在大會堂劇場留影。

陳寶珠聚會精神化裝。

朱劍丹飾演的孟忠造型。

龍劍笙與江雪鶯合影。

陳寶珠與江雪鶯是一對夫婦。

任劍輝愛徒陳寶珠裝扮

2

3

4

1　　　　《娛樂畫報》報道《辭郎洲》的演出情況

2、3、4　　《辭郎洲》，江雪鷺、龍劍笙主演

《英烈劍中劍》，江雪鷺、龍劍笙主演

《獅吼記》，江雪鷺、龍劍笙主演

3

4

5

1   《販馬記》，梅雪詩、龍劍笙主演
2   《俏潘安》，梅雪詩、龍劍笙主演
3   折子戲《幻覺離恨天》，龍劍笙、梅雪詩主演
4   **1980** 年代，龍劍笙、梅雪詩極受戲迷愛戴
5   白雪仙重新製作《西樓錯夢》，龍劍笙、梅雪詩主演

第五章

金
風
玉
露
一
相
逢

說起來也好像是一種命運，當年如果沒有拍《李後主》，

任姐也不會到美國去做大戲，沒有到美國登台，

也就不會有後來的 1968、69 年的演出。

那次仙鳳鳴的演出，為我們帶來藝術上的進步是無可估計的。

〈白雪仙談任劍輝〉，載邁克編：《任劍輝讀本》（第二版），香港：
香港電影資料館 ■ 2005，頁 151

自 1969 年，任姐和我告別舞台後，便過着優悠愉悅的退隱生活──

真箇是不羨仙的生活。我倆曾為此而深深感謝上天厚愛，

讓我們有着如此美好的晚景，我們於其他已一無所求了。

誰料，任姐猝然而逝，她一走，也就把我們的一切都帶走了。

於情我頓失所依，於藝我已無所望，一切懸空：

懸空的生命，懸空的感情，我浮沉於茫茫塵世。

白雪仙、邁克著，盧瑋鑾主編：《姹紫嫣紅開遍──良辰美景仙鳳
鳴》（纖濃本），卷一，〈白雪仙序：思入水雲寒〉，香港：三聯
書店 ■ 2004 年

我為花迷還未醒

白雪仙（人稱「仙姐」，1928 －）長期在澳門參加新聲班，和任劍輝、陳艷儂、歐陽儉、白雲龍、金山女、關耀輝、關海山、鄭碧影合作。戰後，白雪仙隨新聲返回香港，繼續演出。1949 年長城電影《血染海棠紅》空前賣座，此片由白光、嚴俊主演，備受好評。白光更憑《蕩婦心》、《血染海棠紅》和《一代妖姬》奠定大明星的地位。新聲看好《血染海棠紅》橋段，由徐若呆改編為粵劇《海棠淚》，白光的蕩婦角色由白雪仙飾演，嚴俊的大盜海棠紅由任劍輝飾演，龔秋霞的慈母角色則由陳艷儂飾演。

《海棠淚》由徐若呆編劇、歐陽儉參訂、廖了了指導；吳一嘯撰寫主題曲〈點點海棠淚〉，由任劍輝主唱，劇情和電影一樣。《血染海棠紅》不單紅了白光，也紅了白雪仙。新聲解體後，白雪仙參與錦添花、大鳳凰、

金鳳屏、寶豐、五福等各大劇團的演出。這段
時期她和任劍輝、陳錦棠、芳艷芬、紅線女等
人合作不斷，最著名的有《火網梵宮十四年》、
《紅白牡丹花》等，故稱她是二幫花旦王。

1953 年，仙姐不再擔任幫花，走上正印之路，
陸續在鴻運、多寶、利榮華等劇團任正印花旦。

鴻運的《富士山之戀》、《紅了櫻桃碎了心》、
《燕子唧來燕子箋》、《大明英烈傳》、《英
雄掌上野茶薇》，多寶的《李仙傳》、《胭脂
巷口故人來》、《花都綺夢》、《三年一哭二
郎橋》，利榮華的《琵琶記》、《跨鳳乘龍》、
《販馬記》等……這批唐滌生劇本，於戲迷心
中漸漸建立起任劍輝、白雪仙的絕配形象。

仙鳳鳴成立後，仙姐請唐滌生專任編劇，再加上梁醒波、靚次伯、任冰兒、蘇少棠、林家聲等人，遂令仙鳳鳴留下不少經典作品，如《牡丹亭驚夢》、《穿金寶扇》、《蝶影紅梨記》、《帝女花》、《紫釵記》、《九天玄女》、《再世紅梅記》等。

白雪仙是有魄力的粵劇花旦，她對粵劇有承擔，希望能做到最好。「只有努力認真，才可接近完美，能做自己心願的事，就算失敗也永不言悔，做起來便可專心一致。」（盧瑋鑾主編：《姹紫嫣紅開遍：良辰美景仙鳳鳴》（纖濃本），頁 66）

一個劇團的成功，還要依靠各方面人才的努力。音樂方面，如王粵生、朱毅剛、朱兆祥、朱慶祥等名家，創作出悅耳動聽的新曲；演員方面，配戲演員的敬業樂業，彰顯出主角的魅力，如朱少坡、袁立祥、陳鐵善等，所演的都恰如其份。白雪仙歷年接受傳媒訪問時，經常都會提及他們的好處。

彩蝶破窗尋彩蝶

任劍輝演活了唐滌生筆下的書生，多情、癡心、戇直、仁義、正氣，集於一身。無論蔡昌宗、趙寵、蔡伯喈、李益、周世顯、柳夢梅、裴禹、艾敬郎、趙汝州等角色，都令戲迷永世難忘，刻骨銘心。唐滌生在〈我為甚麼選編帝女花和紫釵記〉文內指出：「任劍輝的演技從《梁祝恨史》、《琵琶記》、《牡丹亭驚夢》、《蝶影紅梨記》已表現出爐火純青的境界，以她飾演歷朝最多情的駙馬周世顯，外型和內在都是極吻合的。」《帝女花》的周世顯在眾多戲迷心目中可能是首選最喜愛角色，不過筆者卻選了《蝶影紅梨記》的趙汝州。

《蝶影紅梨記》的新穎，在於男女主角從未見過對方的盧山真面，卻愛得纏綿浪漫。此劇首演於 1957 年 2 月 15 日，演員如下：任劍輝（飾趙汝州）、白雪仙（飾謝素秋）、

梁醒波（飾劉公道）、靚次伯（飾王丞相）、蘇少棠（飾錢濟之）、英麗梨（飾馮飛燕）。唐滌生的文章〈我改編紅梨記的動機〉中，他說出了編寫這齣哀怨纏綿的《蝶影紅梨記》的原委：「聖誕期間，我在寒夜得有餘暇閱讀了一些書籍，無意中檢視了一張吳友如作的『芙蓉花神謝素秋圖』，所描畫的謝素秋，灑脫動人。當然，能使文人墨客封為花神的，生前的事跡必很動人，只是心儀其飄逸的神采，與花神的艷號。」

「睡前，花神的倩影尚在腦際，順手拈起枕旁的《元曲選》，漫無目的的翻閱一下，翻至《紅梨記》時忽然有謝素秋之名，下意識使我心波震動。如此偶合，莫非有神奇的推使？於是，我推衾而起，把《紅梨記》細意的看，從〈豪宴〉、〈賞燈〉起一直讀至〈宦遊三錯〉止。其中讀至〈窺醉〉、〈亭會〉、〈詠梨〉、〈計賺〉

四節，書裏的謝素秋似乎漸漸地活了，對我苦笑、對我嚶然欲哭、對我橫波含淚，似乎有着無限的辛酸。於是，我決意改編《紅梨記》。並且，為感謝吳友如的『芙蓉花神謝素秋圖』使我發現了《紅梨記》的良好題材，我特將花神圖誌在版首。」

仙鳳鳴的戲寶雖然花旦戲份比較重，但文武生的戲份卻絕對不能忽視。〈窺醉〉、〈亭會〉、〈詠梨〉是《蝶影紅梨記》重頭戲，任劍輝是瀟灑的醉，白雪仙是純淨的癡，相輔相承。她們拿捏得恰到好處，多一分稍嫌俗氣，少一分則嫌虛假。唐滌生並不是每套劇都派主題曲給任姐獨唱，而是真正要符合劇情需要。此劇主題曲〈蝶影花魂〉，任劍輝以她的特殊魅力，令觀眾如癡如醉，墮進了多情書生的失意心境，繼而對趙汝州抱有無限同情。

霧月夜抱泣落紅

1968 年 6 月，任劍輝前往美國紐約、三藩市登台，與南紅演出粵劇。白雪仙也一起同行，不過沒有參加演出。到了 12 月，仙鳳鳴為油麻地街坊福利會籌款，為灣仔街坊會於修頓球場演出《牡丹亭驚夢》、《紫釵記》、《帝女花》，帶領一眾雛鳳鳴登台。晚晚滿座，破了歷年籌款紀錄。

1969 年 11 月至 12 月，仙鳳鳴應旺角街坊會和銅鑼灣街坊會之邀請，於利舞台演出《再世紅梅記》、《帝女花》、《琵琶記》等。很多人奇怪為何會選《琵琶記》呢？原來仙姐認為任姐演得最好的是《琵琶記》之〈金殿剃髮〉，每逢演至這一節，仙姐必定駐足欣賞；而任姐最欣賞仙姐的是《紫釵記》之〈花前遇俠〉，每次演出，任姐總會站在虎度門觀看。

1968 年與 1969 年的演出，雖然是重演五齣戲，
卻修訂了唐滌生的劇本。除了改曲飾詞，唱腔
方面也重新調整。因為每齣戲的角色身份都不
一樣，所以感情和唱腔都應該有所不同。仙鳳
鳴不用二幕制，而改用熄燈變景，使劇情可一
氣呵成。可以改動的情節處理、場口調度，仙
鳳鳴都重新編排過，務求向觀察呈現新貌。

退休後，任白經常與親友遊山玩水，周遊列國，
生活非常愜意。娛樂圈的後輩，亦常常邀請他
們參與活動，報章雜誌也不放過他們逛街，或
是往戲院看戲的報道；而且他們的戲迷沒有消
失，隨着年月反而不斷增長，竟然還有年輕人
加入，時常去他們出現的地方等候，或者在跑
馬地逸廬外痴痴地等。無可奈何花落去，人總
有油盡燈枯之日。1989 年 11 月 29 日，戲迷情
人任劍輝因病辭世，帶給了世人無限的嗟嘆。

白雪仙其後成立任白慈善基金會，1990 年重映電影《李後主》作籌款用途。任白慈善基金會於 1993 年捐款予香港中文大學音樂系，1996 年捐款予香港大學興建工程大樓，由白雪仙親筆提寫「任白樓」三字。此外，基金會亦製作精美的畫冊《姹紫嫣紅開遍：良辰美景仙鳳鳴》，由盧瑋鑾（小思）主編，三聯書店（香港）有限公司於 1995 年出版，為出版界一大盛事，亦見證了仙鳳鳴的藝術里程。

2001 年，第二十屆香港電影金像獎大會將「終身成就獎」頒贈給白雪仙。仙姐致謝時說：「世事是很奇妙的，我今日領獎一半為自己，另一半是為另一個人，得到這個不遲又不早的終身成就獎，成就了另一個人的成就。」仙姐永不忘記任姐，戲迷也一樣永不忘記任姐。

2004 年，為紀念任姐逝世十五周年，白雪仙召集門徒，舉辦《重按霓裳歌遍徹》籌款晚會。朱劍丹、謝雪心合演《蝶影紅梨記》之〈酬願〉，陳寶珠、梅雪詩合演《再世紅梅記》之〈折梅巧遇〉，龍劍笙、梅雪詩合演〈脫阱救裴〉。

在白雪仙監督下，任白慈善基金會經常舉辦籌款演出，龍劍笙與梅雪詩再度以「雛鳳鳴劇團」班牌掛帥。無論是《西樓錯夢》或《帝女花》，門票皆火速售罄，一票難求。仙鳳鳴戲寶在各方優秀人才努力下，把唐滌生劇本再度提升，製作出粵劇界的藝術精品。

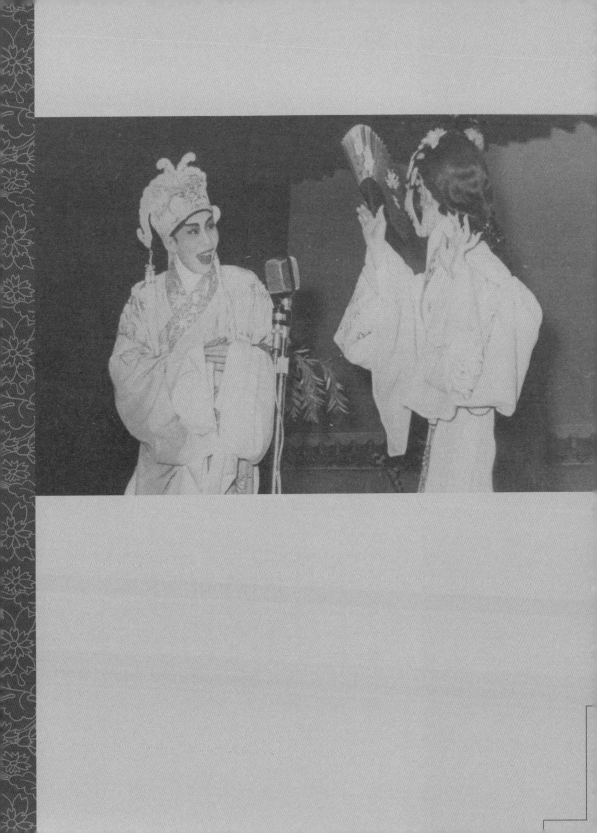

如此人間清月夜

任姐的戲迷、影迷，都與仙姐一樣，把任姐永繫心中，思念無盡。2014 年為任劍輝逝世二十五周年，任白慈善基金會製作《再世紅梅記》，並由陳寶珠、梅雪詩、任冰兒、阮兆輝及廖國森等演出，他們先於香港文化中心演出十一場，後則移師演藝學院再演出十一場，合共演出二十二場。

香港中文大學圖書館為感謝白雪仙及任白慈善基金會的慷慨捐贈，及祝賀仙姐九十大壽，由 2017 年 5 至 7 月在大學圖書館舉辦「九十風華帝女花——香港中文大學圖書館任白珍藏展」。是次展覽的珍貴藏品，包括仙鳳鳴劇團歷屆演出之劇照、劇本、生活照等，其中以劇團開山泥印本最為難得。泥印本只能印製十多份，是台柱、打鑼、提場等主要工作人員的專用劇本，較之因應演出需要有所增刪的演出本，泥印本更為原汁原

味。另一項重要展品為仙鳳鳴歷屆演出劇照，照片把演出的珍貴時刻凝住，讓躬逢盛會的人得以回味之餘，後來者亦可藉此了解當年盛況。

2017 年是紀念粵劇編劇大師唐滌生冥壽一百周年，任白慈善基金會於 7 月，在香港文化中心公演戲寶《蝶影紅梨記》。記者招待會上，有人問為何選演《蝶影紅梨記》呢？白雪仙打趣說：「沒為甚麼，如果做《九天玄女》，你們又會問為甚麼，因為唐哥（唐滌生）的劇本寫得好，希望把它做好。」結果為了做好演出，劇本已先後改了七次，盡量刪繁就簡，去蕪存菁。

會上嘉賓劉兆銘問仙姐是否兼任導演一職？仙姐說：「見到有問題就會告訴他們，每個人都有戲，不單止是主角有戲，就算是一兵一卒都有戲，人有靈魂，一定有感受，每個人無論大

小角色，都要盡心、忘我，做好自己的位置。」

著名作詞人岑偉宗，認為看《蝶影紅梨記》，是看仙姐的用心——看她對佈景、燈光、音響的要求，她要做的，不止是一台粵劇，而是綜合的舞台藝術。「〈窺醉〉一場，用道具和燈光強調，令無聲的蝴蝶也恍如有戲。而且，素來粵劇的鑼鼓喧鬧不已，今次鑼鼓依舊，但竟然聽去絕不吵耳，這音響設計，功不可沒。」（岑偉宗：〈半步人間——我們的月亮〉，《星島日報》副刊，2017年8月8日）

《蝶影紅梨記》是陳寶珠和梅雪詩繼《再世紅梅記》和《牡丹亭驚夢》後第三度合作，兩人坦言這戲難度極高。陳寶珠因患坐骨神經痛，要做針灸紓緩腳痛，梅雪詩則患了感冒，嚴重影響了聲帶。但戲迷仍對演出之精彩、製作之華麗擊節讚賞；而白雪仙每晚均挑選不同漂亮服飾出席，非常重視這次意義非凡的表演。

仙姐構思的佈景及戲服不惜工本，譬如採用了三百六十度旋轉舞台，比上次《再世紅梅記》更漂亮更複雜，可以轉完再轉，製作費須千多萬。尾場的華麗羽扇舞，設計別出心裁，羽扇並非拿在演員手上，而她們的裙襬竟然就是一把羽扇！一條一條真羽毛縫在裙上，數十位演員排成一線，張開裙襬，就像打開一把大羽扇，估計成本要數十萬。

仙鳳鳴的戲寶都是任白佳作，可嘆後一輩的戲迷，對任劍輝仍然

朝思暮想，癡迷到不能自已，痛恨不能早出生數十載，親睹她於舞台上的英姿勃發。所以筆者很同意小思老師的說法：「這個書生，多的是柔情萬縷，瀟灑拿捏得恰到好處。瀟灑二字，得來不易。瀟灑不是流於油滑，卻也必得帶一兩分油滑，油滑中還要有七八分真情和機智，才惹得人又愛又恨。現世惡俗太甚，清風朗月，實在眾裏尋他不見，就只在舞台上，有這一段因緣。」（小思：〈人間清月──敬悼任姐〉，《星島日報》星辰版，1989 年12 月 7 日）

3

1、2　任劍輝、白雪仙、梁醒波往越南走埠
3　　　等候佛山輪往澳門

1

2

<u>3</u>

<u>1</u>

<u>1</u>　任白與胡楓、羅艷卿留影
<u>2</u>　任姐最愛搓麻將，與石燕子、任冰兒、羅劍郎留影

任劍輝、白雪仙都喜愛小朋友

任白退休後，經常周遊列國

不論《帝女花》之〈香夭〉演過多少遍，在仙姐命令下，
任姐都會乖乖地進行綵排

《再世紅梅記》之〈脫阱救裴〉

裴禹：　莫搗酸風別郎行，莫翻醋語刺郎心，
慧娘：　是妾真心話，何用半驚駭。
裴禹：　欲報慧娘一點癡，今時不死待何時？
慧娘：　無石補青天，無沙填恨海。
裴禹：　忙忙抱影怕離懷，深深踏住還魂帶。
慧娘：　影隨風雨滅，魂魄不重來。

1

2

1、2　《紫釵記》之〈劍合釵圓〉

小玉：　　君虞，君虞，妾為女子，薄命如斯，君是丈夫，負心若此，韶顏
　　　　　稚齒，飲恨而終，慈母在堂，不能供養，綺羅絃管，從此永休，
　　　　　徵痛黃泉，皆君所致，李君李君，今當永訣矣！

李益：　　霧月夜抱泣落紅，險些破碎了燈釵夢，喚魂句，頻頻喚句卿，須
　　　　　記取再重逢。嘆病染芳軀不禁搖動，重似望夫山半崎帶病容，千
　　　　　般話猶在未語中，擔驚燕好皆變空。

　　《蝶影紅梨記》之〈詠梨〉，圖中可見仙鳳鳴首演時的舞台佈置。
　　書齋內的床幃，上面繡有「任劍輝」名字，以前每位名伶都有類似
　　的私伙床幃

《白蛇新傳》之〈合砵〉

許仙：　　　急雨疾風山河動，電光金網收彩鳳，
　　　　　　但得死去同化蝶，立意殉愛災劫中。
素貞：　　　真個難中見情重，一聲哀叫心感動，
　　　　　　求仁得仁已無遺恨，一任魂斷生死中。
許仙、素貞：大惡總會一旦終！

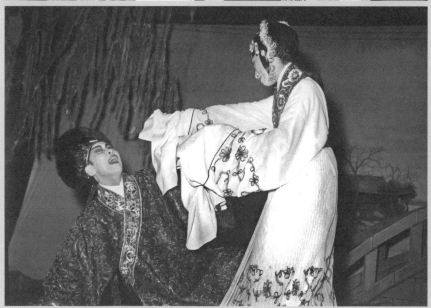

《牡丹亭驚夢》柳夢梅

《牡丹亭驚夢》之〈遊園驚夢〉

夢梅： 共你情結牡丹緣，小生偷偷把翠袖牽。
麗娘： 被那情劫也堪憐，擔驚書生佢態度寬。
夢梅： 有花堆密柳遮春燕，花間路有相思店
麗娘： 鳥驚喧，怕花枝一下劃破芙蓉面。
夢梅： 柳底春鶯歌聲顫，佢話西廂咫尺有路徑。
麗娘： 花間深處我未見，慚看春鶯撲翼喧。

慈善演出折子戲《幻覺離恨天》

寶玉：　物在痛人亡，三尺花鋤泥土蓋。

黛玉：　嘆惜花人去後，誰復葬花殘。

寶玉：　金獸懶添香，塵封綠綺琴。

黛玉：　弦斷曲終，猶似廣陵散。

寶玉：　遺物尚留存，獨餘詩稿今何在？

黛玉：　心血隨火化，不留痕跡在塵寰。

任白合影

任白合影

任白合影

任白合影

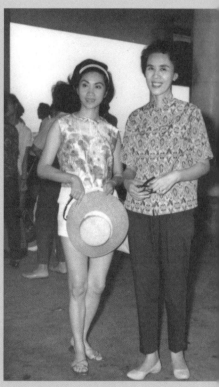

任白合影

任白慈善基金會主辦《再世紅梅記》和《蝶影紅梨記》，白雪仙
擔任藝術總監，陳寶珠、梅雪詩主演（鳴謝：任白慈善基金）

「九十風華帝女花——香港中文大學圖書館任白珍藏展」
（鳴謝：香港中文大學圖書館）

附錄

任劍輝

粵劇主題曲拾遺

《海棠淚》

年份	1949 年
劇團	新聲劇團
編劇	徐若呆
撰曲	吳一嘯
角色	任劍輝飾華雲龍

（主題曲《點點海棠淚》，雲龍詩白）恨到斷腸還有恨，從來女色誤英雄，（小曲《小桃紅》）滿襟是血花，滿襟是血紅，可憐為美色，身困在牢籠，無言恨無窮。（士工慢板）昔日戀紅閨，如今淪黑獄，有血情花，是我當年，親手種，種的是合歡花，種的不是並頭蓮，種的是愁根恨葉，種的是哀綠愁紅，多情愛薄情，雖成千言恨，唉說甚鴛襟。（轉南音）長與共，奈何偏愛採花蜂，舊日雙飛蝴蝶夢，醒來都化可憐蟲。（反線中板）今日海棠冤獄種，種花求果願成空，空有幾番寒夜夢，夢魂常念小孤鴻，（花）鴻雁哀鳴，彷彿替人悲慟，（彈詞花）海棠淚，海棠紅，海棠花在斷腸中，海棠心底多愁痛，海棠魂斷化作杜鵑紅。（小曲《花心寄》）海棠魂暗斷，長怨落花風，偷偷灑淚，流作斷腸紅，今已萬念皆空，難與為儔，惟有夜來更聲送。（轉二王）送卻殘生，只是誰憐孤鳳，（花）又怕今生緣盡，永不相逢。

1　《海棠淚》造型
2　1950 高陞上演《海棠淚》
　的廣告

《潘大少偷祭金嬌墳》

年份	1950 年
劇團	新聲劇團
編劇	徐若呆
角色	任劍輝飾潘勉之

（流水南音）還花債，我致有淚飄飄，唉，此後多情都莫種合歡苗，今日芳塚埋香人飄渺，我只有一杯殘酒奠金嬌，妹呀我地風流換得愁多少，最苦你紙薄嘅桃花命一條。（乙反南音）重講乜生作鴛鴦同命鳥，死為情鬼亦相招，唉，我癡心重想諧歡笑，等我與卿同過嗰道奈何橋，（流水行雲中段）郎細喚愛嬌，細喚愛嬌，唉，金嬌嘅玉魄終歸渺，新碑空有月照耀，恨不見嬌，可嘆地遠天遙。（二黃）我有簫郎恨，妹有莫愁悲，都是風雨愁人，惆悵落花，啼鳥，猶憶吹簫同對月，一自香魂歸去，此後我最怕聞簫，當日同心曾結，就一結同心解不開，試問誰人，解了，都只為無情妻共無情父，逼我青樓割愛，醋淹藍橋。（《雨打芭蕉》中段）更遇火海無

1950 高陞上演《潘大少偷祭金嬌墳》的廣告

情泛惡潮，葬盡嬌嬈，致令檀郎，恨也迢迢，
我負娥眉不少，今晚風蕭蕭，戴月來憑弔，
唉多情金嬌你，我願重逢在漱珠橋。（反線
中板）漱珠橋，與妹你踏月遊春，想必未曾
忘記了，到如今，怎不見芳魂作伴，為我一
解寂寥，到如今，生死悠悠一線牽，我為表
不滅之情，方有偷來憑弔，自羞慚，未有買
青山來葬玉，潘郎不竟負嬌嬈，（快中板）
招花難再微含笑，不勝腸斷恨難消，好鴛鴦，
化作分飛鳥，銀河斷，空有鵲橋填，人世已
無蘇小小，（叫相思）金嬌妹妹，（花下句）
此後我不辭風雨，夜夜都把你魂招。

《錦艷同輝香雪海》

年份	1951 年
劇團	錦添花劇團
編劇	唐滌生
角色	任劍輝飾范碧城

（打四更介）（碧城聞四更局促不安繞室徘徊介一才詩白）燕山巷口兩雙棲，無情寶劍竟橫揮，北京城內偵騎在，何堪瓜落聽兒啼。（小曲《小紅燈》）我怕聽人垂涕，情場漸已危，燕雙棲，前緣漸毀，唯將情懷候春歸，夜深更徬徨，誤我悲一世，花月良宵竟盡廢。（轉乙反南音）風流夢，經已夢醒斜暉，三年苦戀，今夕已臨危，孤鸞豈容重結蒂，個一隻皇室彩鳳，點配作雁兒妻，禮教關防多慘屬，佢生是沈門之婦，不准紅杏出牆圍，四處偵騎，不准我地留俗世，（轉二流）傷心唯待，故友提攜，好比無翅飛禽，難以飛翔天際，心怯皇室兵甲。（轉士工慢板下句）難以飛越，重圍，縱使你忍痛仳離，何堪小樓悲嘆，信是紅粉多情，嗟我緣慳，末世，

　　不怕斷情刀，不怕情火劫，只怕小樓花落，
個陣恨壓，天低。（轉中板）生難相戀甘為
鬼，且把故人長盼，代作春坭，知己滿天灑，
患難無安慰，憑窗祈舊雨，元夜作提攜，雪
海當年恩盡毀，錦鸞當念，零雁哀啼。（花）
此夜鴻雁傳書，我急似鍋中之蟻。

《艷陽丹鳳》

年份	1951 年
劇團	大龍鳳劇團
編劇	唐滌生編劇
角色	任劍輝先飾漢武帝、後飾劉弗陵

（弗陵白衣上介主題曲《蓬萊何處有仙山》）（長二流）殘月夜，杜鵑鳴，一片心聲傳淚影，兩旁花鳥睡安寧，獨有孤雛尋母認，唉吔唷，何處有仙子現形，（合）有疏星，將路領，欲上蓬萊無山徑，清流殘月，兩孤零，更使我嘅神魂不定（上）。（詩白）艷陽山下暫留停，一哭徒將百鳥驚，今時若得生娘在，當隨黃鶴下山城，（小曲《蘇武牧羊》）山城念憶舊時情，哭聲聲，嘆我冷清清，孤雛甫生，便傷養育情，（食住情字轉《和尚思妻》）情，我尚未忘情，母，尚要重尋認，仙踪飄渺，不是母居停，淚眼，淚眼，只見崇山峻嶺，空谷一片，杜宇悲嘆聲，（南音）聲傳山外，不堪翹首聽，媽呀，你嘅淒涼血淚史，真令鬼泣與神驚，莫說帝苑風流，原

1951《艷陽丹鳳》的廣告

是一個脂粉阱，說甚麼嬌花旁柳，分明是個
葬花城，（乙反南音）花落尚餘兒吊影，不
竟是母亡，情尚在，人渺愛難清，聞說艷陽
為仙境，又話你登仙羽化，長在滄海飄零，
母子欲相逢，此亦原天性，何以仙蹤飄渺，
（二黃下句）四處都冷落，孤清，我不若山
下焚香，把你嘅仙魂再請，（太監在山下焚
香介）（弗陵續唱）只望心香一炷，隨風飄
入，（正線）皇母，仙庭，不覺已破曉雞啼，
（花）何以不見仙蹤現影。（雞啼聲全場熄
燈介）

《彎眉月伴寒衾》

年份	1951 年
劇團	大龍鳳劇團
編劇	唐滌生編劇
角色	任劍輝飾桂炳芬

（炳芬內唱首板一句）星稀月暗，（上唱主題曲《明月寒衾》）（長花下句）天昏暗，情昏暗，只剩一衾，和一枕，已殘樓宇，住有呢個半殘人，樓破巢傾非缺憾，春殘夢斷永難尋，劫後更誰思慰問，只得一彎眉月伴寒衾，小殘樓，悲自困，眉月不知人有憾，偷入寒衾苦夢魂，往日眉月伴郎香壓枕，今夕寒衾眉月滿啼痕，贏得是千愁百恨，（直上小樓倦極睡於板床上）（一才見小几上之食物仄才關目）（再一才抬頭見衣裳竹掠上洗乾淨衣衫）（一才詩白）緣何碗碟又橫陳，嫩肉薰香酒尚溫，抬頭復見青衫在，思量誰是浣衣人。（鑼鼓落樓搵介）（起反線中板下句）三夕我歸來，只覺得肉盆香滿，誰為我洗淨衣衾。劫後似寒蟲，侷促守殘樓，偷自悲悲憤憤。夜夜對藍天，伴我者唯有樓旁殘月，憐我者唯有枕伴孤燈。朝朝風雨滿床幃，日日坎煙難舉目，已是垂亡時近。好比一隻飄零雁，慘在火場折翼，心欲混世也無

1951《一彎眉月伴寒衾》的廣告

能。不料患難中，是誰個暗裡關情，對我頻
施憐憫。呢一點溫暖情，除卻當年舊燕，（二
黃下句）更無送暖之人，（唱序）獨惜舊夢
已消沉，憶起一箭之仇，至今尚瘋狂難自鎮，
（唱序）往事不堪回首問，（食住問字轉小
曲《天涯歌女》）問前塵，倍悲憤，有心關
照是誰人，偷偷洗衣，深夜情可憫，情場不
堪再睹舊痕，心驚震，（南音）夢痕經化，
淚痕深，縱使不怨秋娥，一箭，（乙反南音）
情兇狠，也應怪蟬聲殘，曳過風林。（拉解
心腔收一才清歌）昔日情場應似錦，今時孽
債永纏身，天既生情何生恨，分不出情情恨
恨，（轉合調慢板下句）總覺得疊疊，愁根，
（食住長序上回樓上）獨自憑欄，不禁沉吟
搔首，誰個憐我垂亡，化作危樓金粉，忽見
酒未寒，頓覺已餓，垂涎捲袖，忍不住虎咽，
狼吞，（狂食介）有話滴水簷前，恩難毀滅，
我不若樓下暗藏，（花）聊把伊人候等。

《屠城鶼鰈淚》

年份	1951 年
劇團	大金龍劇團
編劇	唐滌生編劇
角色	任劍輝飾喬陵

（主題曲《屠城一雁飄》）（快打慢二流）
煙霧迷濛，此際何堪遠眺，尚餘烽火，罩此
冷落春宵，白楊河，盈千餓飄，翠華山，血
濺殘橋，愧我踏破芒鞋，依然芳蹤渺渺，（一
才詩白）江山不似舊時嬌，是誰掀起血海潮，
鼓角一聲驚幻夢，化為一蝶獨飄搖，（《秋
水伊人》）無常哭笑，聲聲飲泣也無聊，前
緣煙消，我失笑也無聊，風飄飄，雨迢迢，
此恩經盡了，痛絕人故宮，相思咫尺恨遙遙，
（乙反長二黃下句）痛絕如春宵，問此際何
堪憑弔，只見流螢撲蕘草，飛瀑洗橋，含淚
愴惶辭宗廟，日唯垂淚倚山腰，月上梢頭，
人被情魔繞，（正線）無情烽火劫，斷了，
情苗，底事鐵雨橫來，吹散了玉人，顰笑，
（《漁歌晚唱》）夢中思嬌，恩愛未消，相

1951《屠城鵜鰈淚》的廣告

愛相親，恨也了，卻憐暴風欺弱鳥，任風飄，
冷落悲復叫，有誰憐落魄身，有誰人在此飄
搖，心酸喚句嬌，難續鵲橋，傷心極我不願
叫，（乙反中板下句）狂叫泣頹城，只有蟲
鳴相應，枉廢我是儲帝，當朝，卻因何，十
日屠城，嚇得我魂兒，出竅，問誰個李代桃
僵，遺下此難明冤孽，竟令此情海，起風潮，
此後天為帳，地為床，寧甘淪為餓飄，身畔
尚餘詩卷，猶幸未被烽火焚燒，卷上有芳澤
留存，捨此我全俱不要。

《木蘭從軍》

年份	1951 年
劇團	寶豐大劇團
編劇	李少芸編劇
角色	任劍輝飾花木蘭

（主題曲《寒笳夜夜驚》）（木蘭南音）秋江冷，照住月兒彎，腥風血雨罩遍大江南，十萬健兒唱出驪歌晚，思家情切，盡在不言間，意亂閒愁偷泣嘆，嘆句歸家無日，苦煞呢位花木蘭，（小曲叮嚀）何時至得歸還，何時至恢復江山，怕聽笳聲慘悽，我心悲慘，鼓音驚飄散，（反線中板下句）呢一個女丈夫，代父從軍，原是忠肝義膽，不忍老親嚴，長征萬里，受盡雨雪風餐，莫道小女兒弱質纖纖，只識得洗衣煮飯，你看花木蘭，南征北剿，猶勝七尺奇男，嗰一位勇伍登，瀟灑風流，對我好似癡情無限，（花）我素不牽情，何以今時今日，未能跳出情關，自垂淚，（一才），掛腮邊，（一才）怕見個隻南飛孤雁。

花木蘭的花旦裝扮，估計會是這樣

《百萬軍中尋妹喜》

年份	1952 年
劇團	大好彩劇團
編劇	陳冠卿編劇
角色	任劍輝飾成湯

（危城瓦礫火光熊熊中）（成湯內場大呼）妹喜，妹喜，（急急烽打馬上走圓台馬受火灼作顛撲狀）（成湯緊持馬鞭扎架起新腔雁啼紅）迷迷惘惘的亂策青驄馬，悽悽愴愴的尋覓火城下，何日覓心頭情燕斷腸花，徙看是火勢熊熊危牆傾瓦，悲悄悄悲悄悄鴛鴦變虛話，怨悠悠怨悠悠罡風有紅杏嫁，悲切切悲切切一枝解語花，要今朝身亡物化，可憐她可憐她我無牽掛，只將她掛呀，我身軀任火化，我不見伊人，我不休罷，（叨叨鼓鬧火林尋介）（馬叫成湯拋馬鞭磔地重一才半截乙反沉花）哎吔吔，（秃頭乙反中板下句）烈焰似紅爐，銅軀遭火炙，痛得我咬碎銀牙。火場中，我為誰辛苦為誰忙，生馬又變成死馬。我無非念娥眉，恨妹喜，難捨咽朵劫海奇花。我一路大叫狂呼，妹喜呀，妹喜呀，究竟你何方去也。叫得我聲嘶啞，可是個妹

喜呀，妹喜呀，依舊難以追查。（乙反花）
唉莫不是一代英雄，今日葬身火城之下。（三
才收掘）（乙反木魚）我對誠服更憐他，服
佢一木企圖支大廈，憐佢身投地獄種情芽，
佢話笑罵由人來笑罵，奇花我自發奇花，但
得甘露楊枝向蒼生灑，便可令普天之下，（轉
乙反二黃下句）不復有戰亂萌芽，嘆成湯不
識佳人壯志，更恨果個萬惡之君，不聽嫦娥
勸駕，我三載不到玉人家，估道佢變節戀繁
華，點點公憤私仇，心內劇變，欲一刀斬碎
嗰塊薄倖琵琶，誰知她呀誰知她，慘受君王
凌辱，折了月宮花，迫住身向污泥求代價，
無奈安民拾策，竟化作鏡中花，是友是仇，
今日佢快覆夏，我愧對佳人更把佢安全，念
掛。（拉乙反花腔）（乙反長花下句）我無
別掛，我無別掛，獨惜娥眉犧牲得無代價，
心頭唯願化煙霞，佢無過有功博得人笑罵，
我焉能不管，一任美玉蒙瑕，我要尋覓火裡
奇花，更要把世人醜話成佳話。（起新小曲
《醉頭陀》）（板略爽快）（序叫妹喜妹喜
介）莫道佳人乃是一淫娃，我話妹喜生來多
幽雅，莫道成湯赤手可興家，若無妹喜難誅
霸，妹佢嫁昏君愛繁華，乃是名醫脫患牙，
我見妹心察妹情，我要尋妹喜續情芽，（叫
白）妹喜，妹喜，（京腔花下句）百萬軍中
危城下，你是往桃源避世抑或命喪黃沙。

《一枝紅艷露凝香》

年份	1952 年
劇團	金鳳屏劇團
編劇	唐滌生編劇
角色	任劍輝先飾孟嶠、後飾孟任亭

（主題曲《燭香淡飯餵生娘》）（長二流）
燈如火，怕臨河，鼎沸聲聲重話難放過，唉
吔喲，暗自涕淚滂沱（合），一闋斷腸歌，
已是隨風播，血淚凝成真苦楚，一枝紅艷受
災磨，怕記那蘭因絮果（上）；有時花，和
鮮果，傷心猶怕再聞鑼，淡飯香燭，聊報佢
懷胎褥臥（士），（滾花）嘆一句人間無日
不風波。（水仙花）錯錯錯，係佢甘心錯，
念情也奈何，不算苛，無奈何，今番休恕佢
從前罪孽多，我不禁憑弔在淮河，（南音）
娘生我，豈有不念當初。佢已是微蒼兩鬢，
半癲傻。重記得杜宇哀鳴，在我窗前過。琵
琶半抱，我重叫佢唱情歌。慘切不成音，彈
出那因共果。（工）因共果。（上）（乙反）
我淒然雙擁抱，前事已無訛。（拉腔）重估

1952《一枝紅艷露凝香》的廣告

你係一朵慈雲，你原是燈蛾撲火。毒吾生父，
（轉二黃慢板下句）更在慾海翻波。又誰料
繡閣藏刀，你竟買兇殺我。（小曲《紅豆
子》）害我，今番認清楚，血海重仇，心驚
破，從前錯，念你太淒楚，一朝披枷罪難逃，
要推你落河，（正線二黃慢板下句）一寸心
香，幾頁溪錢，淒涼餵飯，內有白酒，肥鵝。
此際水殿含愁，被一片霾雲，深鎖。（拉腔
收）

《漢苑玉梨魂》

年份	1952 年
劇團	金鳳屏劇團
編劇	唐滌生編劇
角色	任劍輝飾康衢

（主題曲《梨花巷口荷鋤歸》）（小曲《小放牛》）身經滄桑，夜冷風霜蓋，我為愛，成了害，寸心經已呆，記載，反覺夢不再，我為愛，成了害，痛哭歸來。（戀壇慢板）香腮經改，媚向別人睞，青山碧海，休記藕花臺，到此已難將花愛。（食住愛字轉南音）原一夢，經已化塵埃，老去蕭郎，已是無風采，窗前灑淚，今日窗下滿青苔，（拉腔過乙反序）泣血杜鵑，卻在那山城外，此際梨花巷口，記不了恨和災，一蝶獨飄搖，山上將樵採，將樵採，（二黃下句）採樵歸去後，一簾風雨，哭妝台，雖是鏡破釵分，舊物依然，留腦海，（連環扣）夜半夜半紗窗開，只見葉落花呆，不需折採，花已橫飛橫飛塵上蓋，夢已夢已一拋開，夜夜歸來，青燈恨

1952《漢苑玉梨魂》的廣告

載，笑我如今如今浮恨海，恨海化蓬萊，唉，
梨花梨花慘痛落兮，何堪懷舊愛，曳蟬別嫁
不應該，別離日已痴呆，佢重托香腮，（乙
反二黃下句）腮邊情淚。（正線慢板）笑佢
未敢再把頭抬，四月玉梨開，七月香難在，
一陣秋風，花落已無人，啾哚，前月雁歸來，
此夜心情改，相逢梨香苑，當我是陌路，遺
材，（中板）我一聲聲，相見無妨礙，佢一
句句，怨我又歸來，昔日桑田變滄海，從今
休問舊亭台，我哭聲聲，還我骨肉愛，佢一
句句，笑我睇唔開，（花）唉，冷月尚可照
人圓，我不死心仍有待。

《一點靈犀化彩虹》

年份	1952 年
劇團	金鳳屏劇團
編劇	唐滌生編劇
角色	任劍輝飾漢成帝

（成帝主題曲《巫山泣彩虹》）（新小曲《巫山雲》）多少恨，昨夜夢魂中，休過寵，燕啄可憐蟲，嘆今朝白楊芳塚，長伴杜鵑紅，怨無窮，恨無窮，一縷輕煙吹送，兩行珠淚溶溶，（河調慢板下句）淚眼望碧翁，浮雲如浪湧，遙見秋雲變態，恩愛轉眼，成空。微雨更迷濛，鎖斷鴛鴦夢，不堪回首記當年，更休說舊時，愛寵。我今無語怨東風，自慚身是多情種，重估話風欺桐葉，卻是雨掃，殘紅。（《陌頭柳色》）飲泣悲痛，怯寒風，雨中飄蓬，淚已迷濛，沉吟目縱，依稀猶記好顏容，怎得如花艷影，飄飄舞碧空，孽緣孽緣斷送，何堪何堪惡夢，半生半生慘痛，身隨身隨晚風，搖曳中，天公播弄，那堪重見石榴紅。（反線中板上句）此際再焚香，（介）淚滿瑤台，遙祭此艷陽，丹鳳。帝主亦堪憐，何只是生逢末世，簡直是漢苑，可

憐蟲。社稷已將傾，縱有一朵慈雲，已受了
諸王，擺弄。空有玉璽皇袍，空有巍峨宮殿，
幾分顏色，尚且不能控。好比芙蓉葬綠波，
痴心如我夜憑欄，空見粉牆，花影動。恍似
搖曳含愁，恍似寒梨帶雨，（乙反二黃下句）
笑我未應如此，昏庸。拜一拜秋水暮雲，聊
當是孤墳，墓塚。（拈香一烓介）（連環南
音）可憐微雨罩巫峰。岸巒深處誰個把冰弦
弄。莫非有個弄琴仙女在雲叢。重愁忿恨懷
歡夢。（正線二黃下句）到此夢殘香亦渺，
夜夜恨寄，廣寒宮。奠酒三杯，（花）何以
一陣雲騰激動。（燈光略暗，天際露彩虹介）
（一才詩白）雲行正忽忽，雨淚雨溶溶。芬
芳凝不散，天際化彩虹。（合尺花下句）嘆
息今生緣盡，除非是夢裡相逢。叫內監，我
願伴彩虹眠，恩愛都付與黃粱一夢。

《楊乃武與小白菜》

年份	1952 年
劇團	錦添花劇團
編劇	唐滌生編劇
角色	任劍輝飾楊乃武

（初更介）（銀台上一句）（乃武醒介主題曲《楊乃武獄中嘆五更》）（南音）初更夜，甚悲淒，我呢隻驚鴻罹法網，試問向誰啼，鞭撻由人，我嘅容漸毀，惱煞飛來橫禍，拗折個把上雲梯，我呢件淡素羅裳，（乙反南音）已被鮮血洗，縱使我一念情狂，我亦知詩禮，嘆今夕斯文掃地，侷促似寒龜，重希望賜宴瓊林，點知逢劫例，二更聞鼓報，（二黃下句）往事更怕，重提。（乙反二黃序唱）前塵記憶，淚灑意漸迷，哀哉血案怎翻，名亦毀，冷落鐵窗，慘聽杜宇啼，命已危，情緣怕提，折磨亦慘屬，誠太悲愧，（乙反中板）三更月迷茫，似見倩影依稀，似笑我孤寒，如夜鬼，幾曾有折柳攀花，也不過是因憐生愛，何至竟受鐵索，包圍，艷色怕牽連，

1952《楊乃武與小白菜》的廣告

　　我亦慧劍橫揮，經已另諧，伉儷，風雨買歸舟，並不是難忘舊愛，（正線二黃）誰知禍有，攸歸，（序）四更聞鼓憶嬌妻，（食住妻字轉《蘇武牧羊》）淒涼獄中再度啼，泣香閨，又怕佢盼夫歸，佢一定偷偷泣怨，在於那羅幃，（食住幃字轉《和尚思妻》）命薄已難圓，我對佢寧無愧，早知有今晚，莫將花月提，最怕最怕，從今愛亦廢，總之冤孽，至今我愛心虧，（清歌）五更時候空垂涕，蒼蒼白髮小提攜，我哋愛姐縱能憐弱弟，憐弱弟，（二黃）佢係一隻可憐孤燕，何堪聽血雁，聲嘶，一念到慘受私刑，（花）我就知沉冤惡洗。（哭相思）

《富士山之戀》

年份	1953 年
劇團	鴻運劇團
編劇	唐滌生編劇
角色	任劍輝飾張秋舫

（主題曲《點點櫻花》）（《荒城之月》）矇朧月照荒村冷，愛已盡成幻，微微雨帶罡風猛，風雨中歸還，晚晚徘徊泣花間，情淚濕青衫，情緣已被風吹散，孤燕泣春殘，（慢板下句）殘夢可憐宵，素心人已渺，重來瀝盡崔郎淚，不見怨婦，憑欄。由來花月總留痕，頑石有靈仙有恨，幾難學太上忘情，憐我似春蠶，縛繭。莫說慧劍斬情絲，藕斷絲連心未死，所謂同心結後，（乙反二黃下句）欲解，艱難。（轉《昭君怨》）啼啼笑笑自怨自怨在霧雨間，唉癡心惹得惹得帶恨還，拆散鴛鴦結，情未冷，（食住轉乙反南音）雲苦雨，渡過了一年間，夢醒櫻桃常現眼，焉能永別江南，別井離鄉，又作飄零雁，（二黃下句）富士山前尋艷跡，綠楊邨下訪紅顏，只見瘦草零香，庭苑荒涼，玉爐煙泛，只見（小曲《龍飛鳳舞》）寂寂寞寞門戶猶未關，寂寂寞寞殘燈留一盞，怕怕怕怕怕牽那帳幔，對對對對對燈暗自嘆，（反線中板下句）

電影《富士山之戀》造型。因粵劇演出受到歡迎，繼而搬上銀幕

憔悴玉樓邊，帳望傷心地，辛酸一縷，湧心
間，我尚一枕孤零，佢經已鶼鰈同巢，最蠢
莫過於望門興嘆，我好比引蝶狂蜂，佢正在
海棠春睡，幾難望到新婚夢，夢向舊癡男，
試問我何苦重來，本待拂袖而回，可奈我又
情難啄斬，所謂冤枉相思，每令你難分難捨，
更令你難坐難行，（花）坐坐坐，寧願坐待
天明，雖則係隔個窗兒，我嘅愁亦減。

《大明英烈傳》

年份	1953 年
劇團	鴻運劇團
編劇	唐滌生編劇
角色	任劍輝飾花雲

（主題曲《疏星殘月哭巢湖》）悲金甌，那堪認，殉身於國誤了卿，嘆息夢已一宵清，願鳳心不相對，負大明，驚濤絕嶺，斷送此生，那得報大明，杜宇泣山城，誰願聽，不堪聽，暮雨瀟湘，恰似喚魂鈴，（乙反長二黃下句）留得丹心照汗青，留得癡心人賦詠，一身願許國與情，嘆息火網黎民，誰救拯，感餘腮邊淚，難以一撒成兵，幾許赤壁亡魂，向我微呼應，只見千層浪湧，（正線二黃）似怒嘯元帝，猙獰，賣盡了熱血一腔，擲卻了頭顱，終成泡影。（小曲《夜長夢多》）巢湖處處悲，怨聲悼疏星，哭月影，劇憐夜夜當空照，無盡征夫，血肉永埋絕嶺，（短序南音）沙場月，染血腥，幾許忠臣烈士，在你呢個月下臨刑，書生亦有瘋狂性，死比

1953《大明英烈傳》的廣告

鴻毛更重輕，一縷忠魂，今夕歸泉冥，反覺
嬌妻受辱，錯歸寧，黃河有路，難接應，（二
黃下句）願死化杜鵑啼嶺上，喝退江水，淹
金陵，（小曲《女人》）受刑，受刑，去受刑，
寧受刑不驚，家已傾，嘆天昏未明，我成仁，
長受人欽敬，（反線中板）縱有千把斷頭刀，
縱有千所斷頭台，難毀滅英雄，血性，火網
哀鴻，被毀只是殘餘軀殼，尚有不朽，心靈，
君不見眼中天，當有閃耀朝陽，把黑夜顫震，
一掃清，君不見長江浪，一浪浪前消後湧，
何愁無繼後，群英，一拜謝黎民（介），再
一拜太祖殊恩（介），望你永把群雄，導領，
（依然跪唱）我嘅人死後，願化長江一篇舟，
永載太祖你破浪，把風乘，（花）更願化頑
石在山頭，留與吾民座右銘。

《香銷十二美人樓》

年份	1953 年
劇團	大好彩劇團
編劇	唐滌生編劇
角色	任劍輝先飾衛鼎儀、後飾衛小儀

（小儀白雪襪瘋狂上介叫白）小燕，小燕，（主題曲《千古才人一例難》）（《歧山鳳》）雪雨中飄飄，念嬌念嬌，冒雪輕輕叫，尋覓難，訊息渺，嘆一嘆，叫一叫，今宵驚聽惡兆，此番訊息禍已招，心中好似被火燒，滿階冷落人亦渺，更自悲，禍災劫恨難亦料，（乙反中板下句）雪雁訪春鶯，踏遍了長街陋巷，不見倩影蕭條，彩筆誤良緣，到此已恩怨難分，我不知是啼，還是笑，鼎沸有傳聲，王府已重門鎖閉，當年血債，未蒙饒，欲劫燕兒還，誰知火網中人，話佢在前宵，逃去了，有夢怕成空，相思人不見，（正線二黃下句）一點點淚落，如潮，燕向那方飄，踏雪從遠眺，只見十二殘樓，掛有一燈，殘照，聽不見鳳凰簫，信是樓空鳳去，未必會

1953《香銷十二美人樓》的廣告

午夜，藏嬌，（南音）識盡天涯知音少，聰
明如我，本不會葬落情潮，嗟莫是前生有約，
等待今生了，驚見繡鞋復合，把情挑，人到
情狂，唯慘叫，（乙反南音）叫一句素心人
聽否，（二黃下句）我慘似杜宇，泣紅綃，
（昭君怨）三生約，三生夢，盡已盡已一筆
消，憐嬌憐嬌，今生債，今生願，未了未了，
怎相消，難銷難銷，偏偏種得種得愛情苗，
愛渺人亦渺，心亦渺，花街悄悄，（乙反合
尺花下句）只覺得落花如夢，難以自把情療，
一天風雪更迷茫，何處覓取個隻多情小鳥。
（叫白）小燕，小燕。

《梁祝恨史》

年份	1955 年
劇團	新艷陽劇團
編劇	潘一帆編劇
角色	任劍輝飾梁山伯

（山伯主題曲《有情活把鴛鴦葬》）（乙反戀檀）自怨還自慨，我被愛所害，癡心空惹孽與災，我今喪泉台，被人奪愛，自覺蠢才，暗恨那粉黛，一朝反悔姻緣幻變不該，恩與義，盡變改，怨她出嫁馬文才，愛花恨錯栽，惡果帶恨來。（拉腔收）（詩白）墓門今始為嬌開，孤魂不滅念英台。再續孽緣生死戀，劫後情花，（介）着意栽。（小曲《錦城春》）英台，英台！郎恨你將我害，不該。嬌既移情你莫再來，你出嫁文才又再來，真工心計祭墳來。唉，傷心山伯沉淪恨海，病死乃被情人害。心怨粉黛，不再忍耐，我悲悲憤憤，我怨句英台。我在黃土悲哀，你就情花得栽，莫說情共愛。我悲哀，你心開，終身抱怨、抱怨英台。（士工慢板）猶幸死後結連枝，生前難比翅，呢個癡情山伯，與妹你步到，蓬萊。曩日香夢未能圓，此後鴛衾同眷戀，不枉我十送長亭，不枉我同窗，三載。記得欸乃一聲聲，我前程回首認，你笑問鴛鴦蝴

273

1955《梁祝恨史》的廣告

蝶，恨我未曉，把花栽。（直轉走馬）太息山伯我未試情共愛，因為人去心不在。嗰陣你嘥得暗鼓腮，嘥得一聲也不開。哦！不知嬌佢原來恨我呆，（食「呆」字轉二黃慢板）呆癡漢，佢仲話大好鮮花無蝶採，我為惜別恨離愁，我未解佢知音，弦外。佢仲話有妹深閨仍待字，分明是點醒，我癡呆。一個是情竇初開，一個是愚庸，未知卿愛。（反線中板）惜別兩依依，一聲人去也，你仲約我，訪妝台。三日歎來遲，點知大錯竟鑄成，我慘被個文才，奪愛。本屬相見歡，變作重逢恨，樓臺泣別，咁就永離開。歸去病單思，唉！藥石難求，我就長埋，孽海。鳳簫吹破玉郎心，妹你有期嫁杏，就是我命喪，泉台。（梆子滾花）唉！郎殉愛，難得妹殉情，活葬鴛鴦埋塚內。做一對鬼夫妻，離俗世，癡情山伯，永伴祝英台。

《販馬記》

年份	1956 年
劇團	利榮華劇團
編劇	唐滌生編劇
角色	任劍輝飾趙寵

（趙寵衣邊上唱主題曲《春花雪後妍》一才詩白）春到人間富貴天，百花同賀綺華年，盞盞春燈微帶笑，縷縷書香繞杏園。（小曲《秋水伊人》）設下桃林新宴，對燈每憶及從前，含愁帶怨，百般悲痛在眼前，真不堪話童年，蓬飄書劍，過後徘徊飲泣，春花雪後妍，（慢板）研盡了詩書，渡過了秋雲冷雨，脫下舊青衫，走馬榮登襄城縣。回首憶後娘，淚落青階上，嘆當日蘆花有淚，赴考無錢。投靠到劉家，難說心中話，萬不料阮籍囊羞，卻買得如花美眷。朝辭粉香樓，暮飲離情酒，長亭一別後，衣錦又歸旋。（拉腔轉小曲走馬）此後愛惜珍貴那同巢燕，情愛慊粘，枕邊愛倍添，（序）可悲一晚，佢憑欄淚滿簾，唉吔痛難宣，唉吔恨難宣，衙堂舊案翻開了恨與冤，（中板）冤債望郎申，燈下重泣問，斷了柔腸，亂了方寸。自慚七

1956《販馬記》的廣告

品卑微，難翻命案，護花雖有意，力薄軟如
棉。寫狀在蘭閨，一字一含淚，搗盡了滿腹
文章，搏取佢梨渦一轉。個一篇告狀詞，寫
得淋漓盡致，似杜鵑泣血，似巫峽啼猿。（七
字清）遞狀喬裝欲見新按院。強移蓮步到衙
前。入衙門，人不見。緣何故，拉入內堂傳。
忽聽新官無家眷。（轉二黃）嚇得我瘋癲留
院外，怕見綠葉舞庭邊。桂枝香，桂枝妍，
堂上桂枝香，怎能香入宮門內苑。（銀花飛）
咁我就淋漓淚兩行，怕將嬌花偷損，一朝見
舅面，情懷應激變，（南音）庭前喜鵲唱破
玉爐煙，今晚夜耀眼春燈光芒展，事關上台
與我有關連，連忙吆喝傳家院，快些庭除打
掃，掃下花阡。今夕桃林開春宴，開春宴，
（合尺花下句）滿庭燈綵罩華筵，翠映紅薰
春風面。

《牡丹亭驚夢》

年份	1956 年
劇團	仙鳳鳴劇團
編劇	唐滌生編劇
角色	任劍輝飾柳夢梅

（夢梅攬真容從坐幕）是誰檀匣藏小軸。夜雨挑燈細看查。（譜子托白）客館蕭條，偶遊庵觀，拾來一軸小畫，似是觀音大士，寶匣莊嚴，待我合什挑燈，案前瞻禮。（鑼鼓打開畫慢的的）呀，不似觀音，不是嫦娥，卻是似曾相識一位名門佳麗，（將畫掛在燈柱起唱主題曲《柳生玩真》）不似是觀音，觀音有座蓮花襯。若是莊嚴大士，焉有雲鬢堆鴉。不似是嫦娥，嫦娥應有祥雲鎖。若是被貶凡塵，應有彩虹高駕。燈下看丹青，拭目重新認，我不是重來崔護，何以人面似桃花。飄零客是柳夢海，畫中人似曾相會，何以佢手上有青梅，我夢中長鰥寡。（小曲《剪剪花》）此畫原無價。還似月籠紗。奇逢心驚詫。意態殊文雅。挑燈看真她。看真她，卻有蠅頭詩待查。（反線中板）畫法傲崔徽，

筆雅如蘇蕙，衛夫人美女簪花。是一首宋元
詞，還是晉唐詩，是白頭吟，還是癡心話。
（一才收讀詩介白）近觀分明似儼然。遠觀
自在若飛仙。他年得傍蟾宮客。不在梅邊在
柳邊。（續唱）此句奈人參，嗟莫是梅和柳，
有多少藤葛，交加。若說沒奇緣，誰渡我芍
藥欄邊，湖山，石下。緣若證前生，何以纖
娥留倩影（二黃下句）害得我紙上，醉風華。
恨不能抱影而眠，移向錦屏，低掛。（將畫
掛在錦屏風處，愈看愈愛介南音）湘裙半掩，
一對小蓮花。含情儘在，眉峰下。問姐你向
誰巧笑，露銀牙。你嘅春心迸出，湖山鰭。
落在南樓，處士家。焚香對月，迎仙駕。迎
仙駕，客館有誰憐孤鷥（二黃下句）倩丹青
替代，落霞。一夕思鄉已難熬（花）待我酬
詩代訴傷情話。（拈筆舐墨題詩酬和於畫上
寫一句唸一句介）丹青妙處卻天然。不是天
仙即地仙。欲傍蟾宮人近遠。恰比春在柳梅
邊。（鑼邊風起，燭花掩映介）（夢梅花下
句）畫中人，似對我微含笑，惱然無端風起
亂燈花。叫一句畫裡真真（介）一念到無姓
無名，聲黯啞。（白）無姓無名，不知如何
呼喚，倒不如叫聲姐姐（一才略露不好意思
細聲）姐姐，姐姐，為使芳魂能入夢，何妨
半啟紗窗去夢她。（推窗埋帳睡，不須落帳
介）

《蝶影紅梨記》

年份	1957 年
劇團	仙鳳鳴劇團
編劇	唐滌生編劇
角色	任劍輝飾趙汝州

（起主題曲《蝶影花魂》）（新小曲《醉花間》）（煩林兆鎏製譜）（引子）醉沉沉，燈昏夢醒，（曲）撲面來香風颯颯，吹醒劉伶，花間泣怨聲聲，柳外珠履輕輕，是天降許飛瓊，還是階下夜蟲鳴，露溶溶，深苑靜，夜氣撲人冷，銀河近玉繩。（食住合字二黃序唱）憑欄記憶夢中醉入瑤庭，莫道醉醒忘路徑，天河掛雙星，高處月華明，使我留停，見佢在情天相呼應，我一句喚卿卿，魂沒怕秋風勁，（長二黃下句）不慕那白馬紅纓，迷惑在黃粱夢境，嘆一句憔悴春風墜玉屏，三載詩酬訴盡相思病，我似蕭郎難跨鳳，她已騎鶴上瑤京，倘若芳魂能鑒領，願潦死孤零一枕，永別了錦陣花營。一日積一寸相思，量三載長情，可有相思秤。（小曲《上雲梯》）此後永卜三生翰墨證，此生休，重有

再生情，今生債不清，他生總有玉帕紅羅定。
似還魂記，有張番生證，借丹青終慰夢梅情。
憐我寂寞長淚零。永保新詩作物證。（琵琶
玩乙乙尺上上無限句）（棚頂紅蝴蝶飛落伏
於花亭柱上介）（一才詩白）微聞小犬吠秋
星，忽有粉蝶繞花亭。死後每多魂化蝶，莫
非香魂化蝶形。（如痴如戇白）紅蝴蝶呀紅
蝴蝶，你是否係秋魂所化呢，如果係嘅，就
真不枉我斷腸相思咯。（介）（扯線蝴蝶食
住撲翼介）（白）唉，咁就無錯叻，蝶罷蝶
呀，（反線中板下句）嗟莫是渺香魂，化作
紅蝴蝶，歸來向我哭訴，餘情。莫非秋夜墓
門開，為怕犬吠更敲，才化作翩翩蝴蝶影。
（悲咽）叫一句蝶姐兒，何以你飛來飛去，
總不飛落我嘅懷抱留停。你不愁使玉郎驚，
但求得香在粉存，賜我一嗅餘香，可治心頭
病。蝶姐你快投懷，為怕秋深夜冷，你衣單
難耐朔風聲。待我解寒衣，（除雪褸介）為
姐你取暖驅寒，（蝴蝶飛介）何以你又飛飛
飛，飛上蓬萊境。憐我是凡人，恨無雙飛翅。
（快二流下句）伴姐你比翼飛凌。（食鑼鼓
拈雪褸作種種撲蝶跌撲身段介）（續唱）路
滑青苔，險折秋郎命。（介）紫蘭香徑步斜
傾。（介）（花）唉，惱煞紅杏窩藏紅蝶影。
（追撲介）（扯線蝴蝶一路飛過雜邊牆介）

參考資料

◎　《任白畫冊》，次文化堂，2000。

◎　《芳華萃影》，香港：群芳慈善基金會，1999。

◎　《第十八屆香港國際電影節：香港、上海 電影雙城》，香港市政局，1994

◎　《粵語戲曲片回顧》（第十一屆香港國際電影節），香港市政局，1996。

◎　《戲園．紅船．影畫：源氏珍藏「太平戲院文物」研究》，香港：香港文化博物館，2016。

◎　朱少璋著：《燈前說劍——任劍輝劇藝八十詠》，香港：匯智出版有限公司，2009。

◎　朱少璋著：《陳錦棠演藝平生》，香港：三聯書店（香港）有限公司，2018。

◎　何詠思、黃文約合著：《銀壇吐艷：芳艷芬的電影》，香港：日光社，2010。

◎　吳梨人著：《任劍輝傳記》，香港：香港周刊出版社，1990

◎　吳鳳平、梁之潔、周仕深編著：《素心琴韻曲藝情》，香港：香港大學教育學院中文教育研究中心，2016。

◎　吳鳳平、鍾嶺崇編著：《梁醒波傳：亦慈亦俠亦詼諧》，香港：經濟日報出版社，2009。

◎　李少恩著：《唐滌生粵劇選論：芳艷芬首本 1949 - 1954》，香港：匯智出版有限公司，2017。

◎　周家建、張順光著：《坐困愁城：日佔香港的大眾生活》，香港：三聯書店（香港）有限公司，2015。

◎　周家建著：《濁世消磨——日治時期香港人的休閒生活》，香港：中華書局（香港）有限公司，2015。

◎　岳清編著：《新艷陽傳奇》，香港：樂清傳播，2008。

◎　南海十三郎著，朱少璋編訂：《小蘭齋雜記》，香港：
　　商務印書館（香港）有限公司，2016。

◎　南海十三郎著，朱少璋編訂：《香如故——南海十三郎
　　戲曲片羽》，香港：商務印書館（香港）有限公司，
　　2018。

◎　紅線女著：《紅線女自傳》，香港：星辰出版社，1986。

◎　唐卓敏著：《淒風苦雨——從文物看日佔香港》，香港：
　　中華書局（香港）有限公司，2015。

◎　徐蓉蓉著：《金枝綠葉：任冰兒》，香港：明報周刊有
　　限公司，2007。

◎　桂仲川主編：《金牌小武桂名揚》，香港：懿津出版企
　　劃公司，2017。

◎　高添強、唐卓敏編著：《香港日佔時期：1941年12月-
　　1945年8月》，香港：三聯書店（香港）有限公司，
　　1995。

◎　崔頌明主編：《圖說薛覺先藝術人生》，廣州：廣東八
　　和會館、香港：大山文化出版社有限公司，2013。

◎　陳守仁著：《唐滌生創作傳奇》，香港：匯智出版有限
　　公司，2016。

◎　陳非儂口述，沈吉誠、余慕雲原作編輯；伍榮仲、陳澤
　　蕾重編：《粵劇六十年》，香港：香港中文大學音樂系
　　粵劇研究計劃，2007。

◎　傅葆石著：《雙城故事——中國早期電影的文化政治》，
　　北京：北京大學出版社，2008。

◎　黃兆漢主編：《長天落彩霞——任劍輝的劇藝世界》全
　　二冊，香港：三聯書店（香港）有限公司，2009。

◎ 黃兆漢主編：《驚艷一百年 —— 二〇一三紀念任劍輝女士百年誕辰粵劇藝術國際研討會論文集》全二冊，香港：中華書局（香港）有限公司，2014。

◎ 黃夏柏著：《香港戲院搜記．歲月鈎沉》，香港：中華書局（香港）有限公司，2015。

◎ 劉伶玉：《羅品超奇傳》，香港：香港周刊出版社，1990。

◎ 廣東粵劇院：《藝術大師馬師曾百年誕辰紀念文集》，北京：中國戲劇出版社，2000。

◎ 魯金著：《粵曲歌壇話滄桑》，香港：三聯書店（香港）有限公司，1997。

◎ 黎玉樞統籌，盧瑋鑾、張敏慧主編：《武生王靚次伯：千斤力萬縷情》，香港：三聯書店（香港）有限公司，2007。

◎ 黎鍵主編：《香港粵劇時蹤》，香港：市政局圖書館，1998。

◎ 盧瑋鑾、張敏慧主編：《梨園生輝：任劍輝、唐滌生：記憶與珍藏》，香港：三聯書店（香港）有限公司，2011。

◎ 盧瑋鑾、鄭樹森主編，熊志琴編校：《淪陷時期香港文學資料選》（1941 至 1945），香港：天地圖書有限公司，2017。

◎ 盧瑋鑾主編：《姹紫嫣紅開遍：良辰美景仙鳳鳴》，香港：三聯書店（香港）有限公司，1995。

◎ 賴伯疆、賴宇翔著：《唐滌生》，珠海：珠海出版社，2007。

◎ 賴伯疆著：《薛覺先藝苑春秋》，上海：上海文藝出版社，1996。

◎　邁克主編：《任劍輝讀本》（第二版），香港：香港電影資料館，2005。

◎　羅卡、法蘭賓、鄺耀輝著：《從戲台到講台——早期香港戲劇及演藝活動 1900 - 1941》，香港：國際演藝評論家協會，1999。

◎　羅家寶著：《藝海沉浮六十年》，澳門：澳門出版社，2002。《市民日報》（澳門），1944 年 8 月至 1950 年 1 月。

◎　《大公報》，1938 年 8 月至 1941 年 12 月。

◎　《世界日報》（澳門），1946 年 4 月至 1949 年 12 月。

◎　《西南日報》（澳門），1941 年 6 月至 1945 年 8 月。

◎　《南華日報》，1942 年 5 月至 1944 年 8 月。

◎　《星島日報》，1945 年 8 月至 1949 年 12 月。

◎　《星島晚報》，1939 年 1 月至 1940 年 12 月。

◎　《華字日報》，1937 年 1 月至 1938 年 1 月。

◎　《華僑日報》，1941 年 1 月至 1945 年 7 月。

◎　Ellen Thorbecke. *Hong Kong*. Shanghai, ShangKelly & Walsh Limited, 1938.

◎　Geoffrey Charles Emerson. *Hong Kong Internment, 1942 to 1945 : Life in the Japanese civilian camp at Stanley*. Hong Kong, Hong Kong University Press, 2008.

◎　Ng Wing Chung. *The Rise of Cantonese Opera*. Hong Kong, Hong Kong University Press, 2015.

◎　Poshek Fu. *Between Shanghai and Hong Kong: The Politics of Chinese Cinemas*. Stanford, Calif., Stanford University Press, 2003.

◎　Poshek Fu. *Passivity, Resistance, and Collaboration: Intellectual Choices in Occupied Shanghai, 1937-1945*. Stanford, Calif., Stanford University Press, 1993.

◎　Sheldon Hsiao-peng Lu ed. *Transnational Chinese Cinemas: Identity, Nationhood, Gender*. Honolulu, HI, University of Hawaii Press, 1997.

任劍輝、白雪仙於《西樓錯夢》唱〈楚江情〉

鳴謝

任志源先生

盧瑋鑾女士

黃文約先生

何詠思女士

芳艷芬女士

譚倩紅女士

朱少璋先生

陳守仁教授

阮紫瑩女士

許釗文先生

張文珊女士

歐翊豪先生

賴偉文先生

桂仲川先生

魯錫鵬先生

Mr Roth Lai

植利影業公司

任白慈善基金會

堅成影片公司關志堅先生

《戲曲之旅》

《粵劇曲藝月刊》

香港中文大學圖書館

香港文化博物館

香港中央圖書館

澳門中央圖書館

香港電影資料館資源中心